AF234299

D. 1977. S. et arts

L. Durand in. Del.
E. Fessard Sculp.

PRINCIPES

DE LA

PHILOSOPHIE MORALE;

O U

ESSAI DE M. S***.

SUR LE

MERITE ET LA VERTU.

Avec Réflexions.

. . . . . Ludicra pone.
Quid verum atque decens, curo & rogo, & omnis in hoc sum.
Horat. Epist. 10.

A AMSTERDAM,

Chez *ZACHARIE CHATELAIN.*

M. DCC. XLV.

A
MON FRERE,

* * * * * * * * * * * *
* * * * * * * * * * * *
* * * * * * *Oui*, mon Frere, la Religion bien entendue & pratiquée avec un zèle éclairé, ne peut manquer d'élever les Vertus morales. Elle s'allie même avec les connoiſſances naturelles ; & quand elle eſt ſolide, les progrès de celles-ci ne l'allarment point pour ſes droits. Quelque difficile qu'il ſoit de diſcerner les limites qui ſéparent l'Empire

*de la Foi, de celui de la Raison ;
le Philosophe n'en confond pas les
objets : sans aspirer au chimérique honneur de les concilier ; en
bon Citoyen, il a pour eux de
l'attachement & du respect. Il y
a de la Philosophie à l'Impiété
aussi loin que de la Religion au
Fanatisme ; mais du Fanatisme
à la Barbarie, il n'y a qu'un pas.
Par Barbarie, j'entends, comme vous, cette sombre disposition qui rend un homme insensible
aux charmes de la Nature & de
l'Art, & aux douceurs de la
Société. En effet comment appeller
ceux qui mutilérent les Statues*

EPITRE.

qui s'étoient sauvées des ruines de l'ancienne Rome, sinon des Barbares? Et quel autre nom donner à des gens, qui nés avec cet enjoüement qui répand un coloris de finesse sur la Raison, & d'aménité sur les Vertus, l'ont émoussé, l'ont perdu & sont parvenus, rare & sublime effort! jusqu'à fuir comme des monstres ceux qu'il leur est ordonné d'aimer. Je dirois volontiers que les uns & les autres n'ont connu de la Religion que le Spectre. Ce qu'il y a de vrai, c'est qu'ils ont eu des terreurs paniques, indignes d'elle; terreurs qui furent jadis

* iij

fatales aux Lettres, & qui pou-
voient le devenir à la Religion
même. « *Il est certain qu'en ces*
» *premiers tems,* dit Monta-
» *gne, que notre Religion com-*
» *mença de gagner autorité par*
» *les loix, le zèle en arma plu-*
» *sieurs contre toutes sortes de*
» *Livres Payens ; de quoi les*
» *Gens de Lettres souffrent une*
» *merveilleuse perte. J'estime que*
» *ce désordre ait porté plus de nui-*
» *sance aux Lettres que tous les*
» *feux des Barbares.* Cornelius
» *Tacitus en est un bon témoin ;*
» *car quoique l'Empereur Tacitus*
» *son parent en eût peuplé par*
» *ordonnances expresses toutes les*

» *Librairies du monde ; toute-*
» *fois un seul exemplaire entier*
» *n'a pu échapper la curieuse re-*
» *cherche de ceux qui désiroient*
» *l'abolir pour cinq ou six vaines*
» *clauses contraires à notre croyan-*
» *ce* ». Il ne faut pas être grand
raisonneur pour s'appercevoir que
tous les efforts de l'incrédulité
étoient moins à craindre que cette
Inquisition. L'incrédulité combat
les preuves de la Religion ; cette
Inquisition tendoit à les anéantir.
Encore , si le zèle indiscret &
bouillant ne s'étoit manifesté que
par la délicatesse gothique des
esprits foibles , les fausses allar-

mes des ignorans, ou les vapeurs de quelques atrabilaires; mais rappellez-vous l'Histoire de nos troubles civils, & vous verrez la moitié de la Nation, se baigner par piété dans le sang de l'autre moitié, & violer, pour soûtenir la cause de Dieu, les premiers sentimens de l'humanité; comme s'il falloit cesser d'être homme pour se montrer relligieux! La Religion & la Morale ont des liaisons trop étroites pour qu'on puisse faire contraster leurs principes fondamentaux. Point de Vertu, sans Religion; point de bonheur sans Vertu: ce sont deux vérités que vous troûverez approfondies dans ces réflexions que notre utilité commune m'a fait écrire : Que cette expreſſion ne vous bleſſe point ; je connois la ſolidité de votre eſprit & la bonté de votre cœur. Ennemi de l'enthouſiaſme & de la bigotterie , vous n'avez point ſouffert que l'un ſe rétrecît par des opinions ſinguliéres , ni que l'autre s'épuiſât par des affections puériles. Cet Ouvrage ſera donc , ſi vous voulez , un antidote deſtiné à réparer en moi un tempérament affoibli , & à entretenir en vous des forces encore entiéres. Agréez-le , je vous prie , comme

EPITRE.

*le préfent d'un Philofophe & le
gage de l'amitié d'un Frere.*

D. D***

DISCOURS
PRELIMINAIRE.

NOus ne manquons pas de longs Traités de Morale ; mais on n'a point encore pensé à nous en donner des Elémens ; car je ne peux appeller de ce nom ni ces conclusions futiles qu'on nous dicte à la hâte dans les Ecoles, & qu'heureusement on n'a pas le tems d'expliquer ; ni ces recueils de maximes sans liaison & sans ordre, où l'on a pris à tâche de

déprimer l'homme, sans s'occuper beaucoup de le corriger. Ce
n'est pas qu'il n'y ait quelque
différence à faire entre ces deux
sortes d'Ouvrages : j'avoue qu'il
y a plus à profiter dans une page de
la Bruyere, que dans le volume entier de Pourchot ; mais il faut convenir aussi qu'ils sont les uns &
les autres incapables de rendre un
Lecteur vertueux par principes.

La science des mœurs faisoit
la partie principale de la Philosophie des Anciens ; en cela, ce
me semble, beaucoup plus sages
que nous. On croiroit à la façon *

* You must allow me, PALEMON, thus to
bemoan *Philosophy* ; since you have forc'd me
to ingage with her at a time when her Credit

dont nous la traitons , ou qu'il eſt moins eſſentiel maintenant de connoître ſes devoirs , ou qu'il eſt plus aiſé de s'en acquitter. Un jeune homme au ſortir de ſon cours de Philoſophie , eſt jetté dans un monde d'Athées , de Déiſtes , de Sociniens , de Spi-

runs ſo low. She is no longer *active* in the World ; nor can hardly , with any advantage , be brought upon the publick *Stage*. We have immur'd her (poor Lady !) in Colleges and Cells ; and have ſet her ſervilely to ſuch Works as thoſe in the Mines. Empirics , and pedantick Sophiſts are her chief Pupils. The *ſchoolſyl-logiſm* , and the *Elixir* , are the choiceſt of her Products. So far is ſhe from producing Statesmen , as of old , that hardly any Man of Note in the publick cares to own the leaſt Obligation to her. If ſome few maintain their Acquaintance , & come now and then to her Receſſes , 'tis as the Diſciple of Quality *came* to his Lord and Maſter ; " *ſecretly* , and *by* „ *night*. „ Peinture admirable du triſte état de la Philoſophie parmi nous ; mais qu'on ne peut rendre dans notre Langue avec toute ſa force.

nofiftes & d'autres impies, fort
inftruit des propriétés de la matiére fubtile & de la formation des
tourbillons, connoiffances mer-
veilleufes qui lui deviennent parfaitement inutiles ; mais à peine
fçait-il des avantages de la Vertu,
ce que lui en a dit un Précepteur;
ou des fondemens de fa Religion, ce qu'il en a lû dans fon
Cathéchifme. Il faut efpérer que
ces Profeffeurs éclairés qui ont
purgé la Logique des *univerfaux*
& des *catégories*; la métaphyfique
des *entités* & des *quiddités*, & qui
ont fubftitué dans la Phyfique,
l'Expérience & la Géométrie,
aux *hypothèfes frivoles*, feront

frappés de ce défaut & ne refu-
feront pas à la Morale quelques-
unes de ces veilles qu'ils confa-
crent au bien public. Heureux,
fi cet Effai trouve place dans la
multitude des matériaux qu'ils
raffembleront.

Le but de cet Ouvrage eft de
montrer que la Vertu eft prefque
indivifiblement attachée à la connoiffance de Dieu , & que le bonheur temporel de l'homme eft in-
féparable de la Vertu. Point de
Vertu fans croire en Dieu : point
de bonheur fans Vertu ; ce font
les deux propofitions de l'illuftre
Philofophe dont je vais expofer
les idées. Des Athées qui fe pi-

quent de probité, & des Gens
fans probité qui vantent leur bonheur ; voilà mes Adverfaires. Si
la corruption des mœurs eft plus
funefte à la Religion que tous les
Sophifmes de l'incrédulité, & s'il
eft effentiel au bon ordre de la
Société que tous fes membres
foient vertueux ; apprendre aux
hommes que la Vertu feule eft
capable de faire leur félicité préfente, c'eft rendre à l'une & à
l'autre un fervice important. Mais
de crainte que des préventions
fondées fur la hardieffe de quelques propofitions mal examinées
n'étouffent les fruits de cet Ecrit;
j'ai cru devoir en préparer la le-
&ture

éture par un petit nombre de réflexions , qui suffiront avec les Notes que j'ai répandues par - tout où je les ai jugé nécessaires , pour lever les scrupules de tout Lecteur attentif & judicieux.

1. Il n'est question dans cet Essai que de la Vertu morale ; de cette Vertu que les Saints Peres mêmes ont accordée à quelques Philosophes Payens. Vertu que le Culte qu'ils professoient , soit de cœur soit en apparence , tendoit à détruire de fond en comble , bien loin d'en être inséparable. Vertu que la Providence n'a pas laissée sans récompense ;

**

s'il eſt vrai , comme on le prou-
vera dans la ſuite , que l'Intégrité
morale fait notre bonheur en ce
monde. Mais qu'eſt-ce que *l'Intégrité ?*

2. L'Homme eſt intégre ou
vertueux ; lorſque ſans aucun motif bas & ſervile , tel que l'eſpoir
d'une récompenſe ou la crainte
d'un châtiment , il contraint toutes ſes paſſions à conſpirer au
bien général de ſon eſpece : effort héroïque , & qui toutefois
n'eſt jamais contraire à ſes intérêts particuliers. *Honeſtum id in-
telligimus , quod tale eſt , ut , de-
tractâ omni utilitate , ſine ullis præ-
miis , fructibusve , per ſeipſum poſſit*

jure laudari. Quod, quale sit, non tam definitione quâ sum usus intelligi potest, quanquam aliquantum potest, quàm communi omnium judicio & optimi cujusque studiis atque factis, qui per multa ob eam unam causam faciunt, quia decet, quia rectum, quia honestum est, etsi nullum consecuturum emolumentum vident. Cicer. de Orat. Mais ne pourroit-on pas inférer de cette définition que l'espoir des biens futurs & l'effroi des peines éternelles anéantissent le Mérite & la Vertu ? C'est une objection à laquelle on trouvera des réponses dans la Section troisiéme du premier livre. C'est-là que sans donner dans les visions

** ij

du Quiétifme , ou faire de la Dévotion un trafic , on reléve tous les avantages d'un Culte qui préconife cette croyance.

3. Après avoir déterminé en quoi confiftoit la Vertu , entendez par-tout Vertu morale : nous prouverons avec une précifion vraîment géométrique , que de tous les fyftêmes concernant la Divinité , le *Théifme* eft le feul qui lui foit favorable. « Le *Théif-* » *me* , dira-t'on ! Quel blafphême! » Quoi ces ennemis de toute ré- » vélation feroient les feuls qui » puffent être bons & vertueux ? » A Dieu ne plaife , que je me rende jamais l'écho d'une pareille

doctrine. Auſſi n'eſt-ce point celle de M. S. qui a ſoigneuſement prévenu la confuſion qu'on pourroit faire des termes de *Déiſte* & de *Théiſte*. Le *Deiſte*, dit-il, eſt celui qui croit en Dieu ; mais qui nie toute révélation : le *Théiſte* au contraire eſt celui qui eſt prêt d'admettre la révélation & qui admet déja l'exiſtence d'un Dieu. Mais en Anglois le mot de *Théiſt*, déſigne indiſtinctement *Déiſte* & *Théiſte*. Confuſion odieuſe contre laquelle ſe récrie M. S. qui n'a pû ſupporter qu'on proſtituât à une troupe d'impies le nom de *Théiſtes*, le plus auguſte de tous les noms. Il s'eſt efforcé d'effacer les

** iij

idées injurieuses qui y font atta-
chées dans fa langue, en marquant
avec toute l'exactitude poffible
l'oppofition du *Théifme* à l'*Athéif-*
me , & fes liaifons étroites avec le
Chriftianifme. En effet , quoiqu'il
foit vrai de dire que tout *Théifte*
n'eft pas encore Chrétien, il n'eft
pas moins vrai d'affurer que pour
devenir *Chrétien*, il faut commencer par être *Théifte*. Le fondement de toute Religion , c'eft le
Théifme. Mais pour détromper le
public de l'opinion peu favorable
qu'il peut avoir conçûe de cet illuftre Auteur , fur le témoignage de
quelques Ecrivains, intéreffés ap-
paremment à l'entraîner dans un

parti qui fera toujours trop foible, la probité m'oblige de citer à fon honneur & à leur honte fes propres paroles.

As averfe as I am to the Caufe of Theifm, *or Name of* Deist, *when taken in a fenfe exclufive of Revelation; I confider ftill that, in ftrictnefs, the Root of all is* Theism; *and that to be a fettled Chriftian, it is neceffary to be firft of all a good* Theist.... . . . . Nor have I patience to hear the Name of* Theist (*the higheft of all Names*) *decry'd, and fet in oppofition to* Chriftianity. *As if our Religion was*

„ Quelqu'horreur que „ j'aye, dit-il, (vol. 2. „ pag. 209.) du Déifme, ou de cette hypothèfe oppofée à la „ révélation, toutefois „ je confidere le Théifme comme le fondement de toute Religion. Je crois que pour „ être bon Chrétien, il „ faut commencer par „ être bon Théifte. Et „ conféquemment, je „ ne peux fouffrir qu'en „ oppofant l'un à l'autre, on décrie injuftement le plus facré „ de tous les noms, „ le nom de Théifte ;

** iiij

„ comme fi notre Reli-
„ gion étoit une efpece
„ de culte magique &
„ qu'elle eût d'autre
„ bafe que la croyance
„ d'un feul Etre fuprê-
„ me; ou que la croyan-
„ ce d'un feul Etre fu-
„ prême fondée fur des
„ raifonnemens philo-
„ fophiques, fût incom-
„ patible avec notre
„ Religion. Certes, ce
„ feroit donner beau
„ jeu à ceux qui, foit
„ par Scepticifme foit
„ par vanité, ne font
„ déjà que trop enclins
„ à rejetter toute révé-
„ lation.

*a kind of Magick, which
depended not on the Be-
lief of a fingle fupreme
Being. Or as if the firm
& rational Belief of
fuch a Being, on philo-
fophical grounds, was
an improper Qualifica-
tion for believing any
thing further. Excellent
Prefomption, for thofe
who naturally incline to
the Disbelief of Reve-
lation, or who thrò Va-
nity affect a Freedom of
this kind!*

Et ailleurs, voici comment il s'exprime encore.

„ Quant à la foi &
„ à l'orthodoxie de ma
„ croyance, je me fens,

*The only Subject on
which we are perfectly
fecure, and without fear*

of any juſt Cenſure or Reproach, is that of FAITH, *and* Orthodox BELIEF. *For in the firſt place, it will appear, that thro' a profound Reſpect, and religious Veneration, we have forborn ſo much as to name any of the ſacred and ſolemn* Myſterys *of* Revelation. *And, in the next place, as we can with confidence declare, that we have never in any Writing, pu-blick or private, attempted ſuch high Re-ſearches, nor have ever in Practice acquitted our - ſelves otherwiſe than as juſt* Confor-miſts *to the lawful* Church ; *ſo we may, in a proper Senſe, be ſaid faithfully and du-*

,, dit-il, vol. 3. p. 315,
,, dans une ſécurité
,, parfaite & raiſonna-
,, ble, & je me flatte
,, de n'avoir ſur ces ar-
,, ticles ni reproches,
,, ni cenſures équita-
,, bles à craindre. Tel
,, eſt le religieux reſ-
,, pect, telle eſt la véné-
,, ration profonde que
,, je porte à la révéla-
,, tion, que dans le
,, cours de cet Ouvra-
,, ge, je me ſuis ſcru-
,, puleuſement abſte-
,, nu, je ne dis pàs de
,, diſcuter, mais même
,, de nommer les divins
,, myſtéres qu'elle nous
,, a tranſmis. C'eſt
,, avec toute la con-
,, fiance que donne la
,, vérité, que je décla-
,, re n'avoir jamais fait
,, de ces propoſitions

» sublimes, la matiére » de mes Ecrits publics » ou particuliers, & que » je proteste, quant à » ma conduite, qu'el- » le a toujours été con- » forme aux préceptes *tifully to embrace those holy Mysterys, even in their minutest Particulars, and without the least Exception on account of their amazing Depth.*

» de l'Eglise autorisée par nos Loix. Enforté » qu'on peut dire avec la derniére exactitude » que, fortement attaché au culte de mon païs, » j'en embrasse les dogmes dans toute leur éten- » due, sans que cette profondeur dont mon » esprit est étonné, ait le plus légérement altéré » ma croyance.

Je ne conçois pas comment après des protestations aussi solemnelles d'une entiére soumission de cœur & d'esprit aux Mystéres sacrés de sa Religion ; il s'est trouvé quelqu'un assez injuste pour compter M. S. au nombre des *Asgils*, des *Tindales* &

des *Tolands* , gens auffi décriés dans leur Eglife en qualité de Chrétiens, que dans la république des Letttes en qualité d'Auteurs : mauvais Proteftans & miférables Ecrivains. Swift qui s'y connoît fans doute , en porte ce jugement dans fon Chef-d'œuvre de plaifanterie. « Auroit-on jamais
» foupçonné , dit-il , qu'Afgil fût
» un beau génie & Toland un
» Philofophe , fi la Religion , ce
» fujet inépuifable , ne les avoit
» pourvûs abondamment d'efprit
» & de fyllogifmes ? Quel autre
» fujet renfermé dans les bornes
» de la Nature & de l'Art , au-
» roit été capable de procurer à

» Tindale le nom d'Auteur pro-
» fond & de le faire lire ? si cent
» plumes de cette force avoient
» été employées pour la défense
» du Christianisme, elles auroient
» été d'abord livrées à un oubli
» éternel. »

4. Enfin tout ce que nous dirons à l'avantage de la connoissance du Dieu des Nations, s'appliquera avec un nouveau dégré
de force à la connoissance du
Dieu des Chrétiens. C'est une
réflexion que chaque page de cet
Ouvrage offrira à l'esprit. Voilà
donc le Lecteur conduit à la porte de nos Temples. Le Mission-
naire n'a qu'à l'attirer mainte-

nant aux pieds de nos Autels. C'eſt ſa tâche. Le Philoſophe a rempli la ſienne.

Il ne me reſte qu'un mot à dire ſur la maniére dont j'ai traité M. S....je l'ai lû & relû : je me ſuis rempli de ſon eſprit, & j'ai, pour ainſi dire, fermé ſon Livre, lorſque j'ai pris la plume. On n'a jamais uſé du bien d'autrui avec tant de liberté. J'ai reſſerré ce qui m'a paru trop diffus ; étendu ce qui m'a paru trop ſerré ; rectifié ce qui n'étoit penſé qu'avec hardieſſe ; & les réflexions qui accompagnent cette eſpece de Texte, ſont ſi fréquentes, que l'Eſſai de M. S....qui

n'étoit proprement qu'une Démonftration Métaphyfique, s'eft
converti en Elémens de Morale
affez confidérables. La feule chofe que j'aye fcrupuleufement ref-
pectée, c'eft l'ordre qu'il étoit
impoffible de fimplifier : auffi cet
Ouvrage demande-t'il encore de
la contention d'efprit. Quiconque
n'a pas la force ou le courage de
fuivre un raifonnement étendu
peut fe difpenfer d'en commencer la lecture, c'eft pour d'autres
que j'ai travaillé.

ESSAI

ESSAI

SUR LE

MERITE ET LA VERTU.

LIVRE PREMIER.

PARTIE PREMIERE.

SECTION PREMIERE.

LA RELIGION & la Vertu font unies par tant de rapports, qu'on les regarde communément comme deux inféparables Compagnes. C'eft une liaifon dont

I. Partie.   A

on penſe ſi favorablement, qu'on permet
à peine d'en faire abſtraction dans le diſcours & même dans l'eſprit. Je doute cependant que cette idée ſcrupuleuſe ſoit
confirmée par la connoiſſance du monde
& nous ne manquons pas d'exemples qui
paroiſſent contredire cette union pré-
tenduë. N'a-t'on pas vû des peuples qui,
avec tout le zèle imaginable pour leur Religion, vivoient dans la derniere dépravation & n'avoient pas ombre d'humanité :
tandis que d'autres qui ſe piquoient ſi peu
d'être religieux, qu'on les regarde comme de vrais athées, obſervoient les grands
principes de la morale & nous ont arraché l'épithete de vertueux, par la tendreſſe & l'affection généreuſe qu'ils ont
euës pour le genre humain. En général,
on a beau nous aſſurer qu'un homme
eſt plein de zèle pour ſa Religion ; ſi
nous avons à traiter avec lui, nous nous

informons encore de fon caractere.
» *M. * * * * * a de la religion*; dites-
vous, » mais » *a-t'il de la probité* : » *
Si vous m'euffiez fait entendre d'abord
qu'il étoit honnête-homme, je ne me ferois jamais avifé de demander, s'il étoit

* Remarquez qu'il eft queftion ici de la
Religion en général. Si le Chriftianifme étoit
un culte univerfellement embraffé, quand
on affureroit d'un homme qu'il eft bon Chrétien, peut-être feroit-il abfurde de demander,
s'il eft honnête-homme ; parce qu'il n'y a point,
dira-t'on, de Chriftianifme réel fans probité.
Mais il y a prefqu'autant de cultes différens
que de Gouvernemens ; & fi nous en croyons
les Hiftoires, leurs préceptes croifent fouvent
les principes de la morale : ce qui fuffit, pour
juftifier ma penfée. Mais afin de lui donner
toute l'évidence poffible, fuppofez que, dans
un befoin preffant de fecours, on vous adref-
fât à quelque Juif opulent : vous fçavez que
fa Religion permet l'ufure avec l'Etranger ;
efpéreriez-vous donc traiter à des conditions
plus favorables, parce qu'on vous affureroit
que cet homme eft un des Sectateurs les plus
zélés de la Loi de Moyfe ? & tout bien confidéré, ne vaudroit-il pas beaucoup mieux pour
vos intérêts qu'il paffât pour un fort mauvais
Juif & qu'il fût même foupçonné dans la Si-
nagogue d'être un peu Chrétien ?

A ij

dévot. * TANT EST GRANDE SUR NOS ESPRITS, L'AUTORITÉ DES PRINCIPES MORAUX.

Qu'est-ce donc que la Vertu morale ? quelle influence la Religion en général a-t'elle sur la probité ? Jusqu'à quel point suppose-t'elle de la vertu ? Seroit-il vrai de dire que l'Athéisme exclut toute probité & qu'il est impossible d'avoir quelque Vertu morale, sans reconnoître un Dieu ? Ces questions font une suite de la réflexion précédente & feront la matiere de ce premier Livre.

Ce sujet est presque tout neuf : d'ailleurs l'examen en est épineux & délicat : qu'on ne s'étonne donc pas, si je suis une méthode un peu singuliere. La licence de quelques plumes modernes a

* Par-tout où ce mot se prend en mauvaise part, il faut entendre, comme dans la Bruyere & la Roche-Foucault, faux Dévot ; sens auquel une longue & peut-être odieuse prescription l'a déterminé.

répandu l'allarme dans le camp des *Dé-*
vots : telle eft en eux l'aigreur & l'animofité que , quoi qu'un Auteur puifle dire
en faveur de la Religion , on fe récriera
contre fon Ouvrage , s'il accorde quelque poids à d'autres principes. D'un
autre part , les beaux efprits & les gens
du bel air , accoutumés à n'envifager
dans la Religion que quelques abus qui
font la matiere éternelle de .leurs plai-
fanteries , craindront de s'embarquer
dans un examen férieux , (car les rai-
fonneurs les effrayent) , & traiteront
d'imbécille , un homme qui profeffe le
défintéreffement & qui ménage les principes de Religion. Il ne faut pas s'attendre à recevoir d'eux plus de quartier
qu'on ne leur en fait ; & je les vois réfo-
lus à penfer auffi mal de la morale de
leurs Antagoniftes , que leurs Antagoniftes penfent mal de la leur. Les uns

& les autres croiroient avoir trahi leur cause, s'ils avoient abandonné un pouce de terrain. Ce seroit un miracle que de persuader à ceux-ci qu'il y a quelque mérite dans la Religion, & à ceux-là, que la Vertu n'est pas concentrée toute entiere dans leur parti. Dans ces extrémités, quiconque s'éleve en faveur de la Religion & de la Vertu, & s'engage, en marquant à chacune sa puissance & ses droits, de les conserver en bonne intelligence, celui-là, dis-je, s'expose à faire un mauvais * personnage.

Quoi qu'il en soit, si nous préten-

* Je me suis demandé quelquefois pourquoi tous ces Ecrits dont la fin derniere est proprement de procurer aux hommes un bonheur infini, en les éclairant sur des vérités surnaturelles, ne produisent pas autant de fruits qu'on auroit lieu d'en attendre. Entre plusieurs causes de ce triste effet, j'en distinguerai deux, la méchanceté du Lecteur & l'insuffisance de l'Ecrivain. Le Lecteur, pour juger sainement de l'Ecrivain, devroit lire son ouvrage dans le silence des passions : l'Ecrivain, pour arriver à la conviction du Lecteur, devroit par une

dons atteindre à l'évidence & répandre quelques lumieres dans cet Essai, nous entiere impartialité, réduire au silence les passions dont il a plus à redouter que des raisonnemens. Mais un Ecrivain impartial, un Lecteur équitable font presque deux êtres de raison, dans les matieres dont il s'agit ici. Je dirois donc à tous ceux qui se préparent d'entrer en lice contre le vice & l'impiété : Examinez-vous, avant que d'écrire. Si vous vous déterminez à prendre la plume, mettez dans vos Ecrits le moins de bile & le plus de sens que vous pourrez. Ne craignez point de donner trop d'esprit à votre Antagoniste. Faites-le paroître sur le champ de bataille avec toute la force, toute l'adresse, tout l'art dont il est capable. Si vous voulez qu'il se confesse vaincu, ne l'attaquez point en lâche. Saisissez-le corps à corps : prenez-le par les endroits les plus inaccessibles. Avez-vous de la peine à le terrasser ? n'en accusez que vous-même : si vous avez fait les mêmes provisions d'armes qu'Abbadie, & Ditton, vous ne risquez rien à montrer sur l'arêne la même franchise qu'eux. Mais si vous n'avez ni les nerfs ni la cuirasse de ces athletes, que ne demeurez-vous en repos? Ignorez-vous qu'un sot Livre en ce genre fait plus de mal en un jour, que le meilleur Ouvrage ne fera jamais de bien. Car telle est la méchanceté des hommes que, si vous n'avez rien dit qui vaille, on avilira votre cause, en vous faisant l'honneur de croire qu'il n'y avoit rien de mieux à dire. J'avouerai cependant qu'il y a des hommes assez déréglés pour affecter l'Athéisme &

ne pouvons nous difpenfer de prendre les chofes de loin & de remonter à la

l'irréligion, à qui par conféquent il vaudroit mieux faire honte de leur vanité ridicule que de les combattre en forme. Car pourquoi chercheroit-on à les convaincre ? Ils ne font pas proprement incrédules. Si l'on en croyoit Montagne, il faudroit en renvoyer la converfion au Médecin : l'approche du danger leur fera perdre contenance. *S'ils font affez fous, dit-il, ils ne font pas affez forts. Ils ne lairront de joindre leurs mains vers le Ciel, fi vous leur attachez un bon coup d'épée dans la poitrine ; & quand la crainte & la maladie aura appefanti cette licencieufe ferveur d'humeur volage, ils ne lairront de fe revenir & laiffer manier tout difcretement aux créances & exemples publics. Autre chofe eft un dogme férieufement digéré ; autre chofe, ces impreffions fuperficielles lefquelles nées de la débauche d'un efprit démanché, vont nageant témérairement & incertainement dans la fantaifie. Hommes bien miférables & écervelés qui tâchent d'être pires qu'ils ne peuvent.* On ne peut s'empêcher de reconnoître dans cette peinture un très-grand nombre d'impies & il feroit peut-être à fouhaiter qu'elle convînt à tous. Mais s'il y a quelques impies de bonne foi, comme la multitude des ouvrages dogmatiques lancés contr'eux ne permet pas d'en douter ; il eft effentiel à l'intérêt & même à l'honneur de la Religion, qu'il n'y ait que les efprits fupérieurs qui fe chargent de les combattre. Quant aux autres qui peuvent avoir autant & quelque-

fource tant de la croyance naturelle ,
que des opinions fantafques , concernant
la Divinité. Si nous nous tirons heureufement de ces commencemens épineux ,
il faut efpérer que le refte de notre route fera doux & facile.

SECTION SECONDE.

Ou tout eft conforme au bon ordre
dans l'univers ; où il y a des chofes qu'on
auroit pû former plus adroitement , or-
donner avec plus de fageffe & difpofer
plus avantageufement pour l'intérêt général des êtres & du tout.

Si tout eft conforme au bon ordre ,
fi tout concourt au bien général , fi tout

fois plus de zèle avec moins de lumieres ; ils de-
vroient fe contenter de lever leurs mains vers le
Ciel pendant l'action & c'eft le parti que j'au-
rois pris fans doute , fi je ne regardois l'Auteur
dont je m'appuye à chaque pas , comme un
de ces hommes extraordinaires & proportionnés à la dignité de la caufe qu'ils ont à
foutenir.

eſt fait pour le *mieux* ; il n'y a point de mal *abſolu* dans l'univers , point de mal *relatif au tout*.

Tout ce qui eſt tel qu'il ne peut être *mieux* , eſt parfaitement bon.

S'il y a dans la nature , quelque mal *abſolu* , il eſt poſſible qu'il y eût quelque choſe de *mieux* ; ſinon , tout eſt parfait & comme il doit être.

S'il y a quelque choſe *d'abſolument* mal , il a été produit *à deſſein* ou s'eſt fait par *hazard*.

S'il a été produit *à deſſein* ; ou l'Ouvrier éternel n'eſt pas ſeul , ou n'eſt pas excellent. Car s'il étoit excellent , il n'y auroit point de mal *abſolu* : ou s'il y a quelque mal *abſolu* , c'eſt un autre qui l'aura cauſé.

Si le hazard a produit dans l'univers quelque mal *abſolu* ; l'Auteur de la nature n'eſt pas la cauſe de tout. Conſé-

quemment , si l'on suppose un Etre intelligent qui ne soit que la cause du bien;
mais qui n'ait pas voulu , ou qui n'ait
pû prévenir le mal *absolu* que le hazard
ou quelque Intelligence rivale a produit;
cet Etre est impuissant ou défectueux.
Car ne pouvoir prévenir un mal *absolu* ,
c'est impuissance : ne vouloir pas le
prévenir , quand on le peut , c'est mauvaise volonté,

L'Etre tout-puissant dans la Nature
& qu'on suppose la gouverner avec intelligence & bonté ; c'est ce que les
hommes d'un consentement unanime
ont appellé *Dieu*.

S'il y a dans la Nature plusieurs Etres
& semblables & supérieurs, ce sont autant de *Dieux*.

Si cet Etre supérieur , supposé qu'il
n'y en ait qu'un , si ces Etres supérieurs,
supposé qu'il y en ait plusieurs , ne sont

pas essentiellement *bons*, on les appelle *Démons*.

Croire que tout a été fait & ordonné, que tout est gouverné, pour le *mieux* par une seule Intelligence essentiellement bonne, c'est être un parfait *Théiste*. *

Ne reconnoître dans la Nature d'autre cause, d'autre principe des Etres que le hazard. Nier qu'une Intelligence suprême ait fait, ordonné, disposé tout à quelque bien général ou particulier, c'est être un parfait *Athée*.

Admettre plusieurs Intelligences supérieures, toutes essentiellement bonnes, c'est être *Polithéiste*.

Soutenir que tout est gouverné par

---

* Gardez-vous bien de confondre ce mot avec celui de *Deïste*. Voyez le Traité de la véritable Religion par Monsieur l'Abbé Delachambre Doct. de Sorb. si vous voulez être instruit à fond de la difference du *Théisme* & du *Déisme*.

une ou plufieurs Intelligences capricieu-
fes , qui fans égard pour l'ordre , n'ont
d'autres loix que leurs volontés qui ne
font pas effentiellement bonnes. C'eſt
être *Démoniſte*.

Il y a peu d'efprits qui ayent été
en tout tems invariablement attachés à
la même hypothefe fur un fujet auffi
profond que la caufe univerfelle des
Etres & l'œconomie générale du Monde : de l'aveu même des perfonnes les
plus religieufes * , toute leur foi leur
fuffit à peine en certains momens pour
les foutenir dans la conviction d'u-
ne Intelligence fuprême ; il eſt des conjonctures où frappées des défauts appa-
rents de l'adminiſtration de l'Univers ,
elles font violemment tentées de juger
défavantageufement de la Providence.

* Penè moti funt pedes mei , pacem pecca-
torum videns. *David. in Pfal.*

Qu'eſt-ce que *l'opinion* d'un homme ? celle qui lui eſt habituelle. C'eſt l'hypotheſe à laquelle il revient toujours, & non celle dont il n'eſt jamais ſorti, que nous appellerons *ſon ſentiment.* Qui pourra donc aſſurer qu'un homme qui n'eſt pas un ſtupide, eſt un parfait Athée ? Car ſi toutes ſes penſées ne luttent pas en tout tems, en toute occaſion, contre toute idée, toute imagination, tout ſoupçon d'une Intelligence ſupérieure, il n'eſt pas un parfait Athée. De même, ſi l'on n'eſt pas conſtamment éloigné de toute idée de hazard ou de mauvais Génie, on n'eſt pas parfait *Théiſte.* C'eſt le ſentiment dominant qui détermine l'état. Quiconque voit moins d'ordre dans l'univers que de hazard & de confuſion, eſt plus Athée que Théiſte. Quiconque apperçoit dans le monde des traces plus diſtinctes d'un mauvais Génie que d'un bon , eſt moins Théiſte que Démoniſte. Mais tous ces Syſtématiques — prendront leur dénomination , ſelon le côté où l'eſprit ſe ſera fixé le plus ſouvent, dans ſes oſcillations.

Du mélange de ces opinions , il en réſulte un grand nombre d'autres * , toutes différentes entr'elles.

* Le Théiſme avec le Démoniſme. Le Démoniſme avec le Polythéiſme. Le Déiſme avec l'Athéiſme. Le Démoniſme avec l'Athéiſme. Le Polythéiſme avec l'Athéiſme. Le Theiſme avec le Polythéiſme. Le Théiſme ou le Polythéiſme avec le Démoniſme , ou avec le Démoniſme & l'Athéiſme. Ce qui arrive , lorſqu'on admet

Un Dieu dont la nature eſt bonne & mauvaiſe ; ou deux principes , l'un pour le bien & l'autre pour le mal.

Ou pluſieurs Intelligences ſuprêmes & mauvaiſes , ce que l'on pourroit proprement appeller Polydémoniſme.

Ou lorſque Dieu & le hazard partagent l'empire de l'Univers.

Ou lorſque l'Univers eſt gouverné par le hazard & par un mauvais Génie.

Ou lorſqu'on admet pluſieurs Intelligences mauvaiſes , ſans exclure le hazard.

Ou , lorſqu'on ſuppoſe le Monde fait &

L'Athéiſme ſeul exclut toute Religion. Le parfait Démoniſte peut avoir
un culte. Nous connoiſſons même des
Nations entiéres qui adorent un Diable
à qui la frayeur ſeule porte leurs priéres,
leurs offrandes & leurs ſacrifices ; & nous
n'ignorons pas que dans quelques Religions, on ne regarde Dieu que comme
un Etre, violent, deſpotique, arbitraire
& deſtinant les Créatures à un malheur
inévitable, ſans aucun mérite ou démé-
rite prévû ; c'eſt-à-dire, qu'on éleve un
Diable ſur ces autels où l'on croit adorer
un Dieu.

Outre les ſectateurs des différentes
opinions dont nous venons de faire

gouverné par pluſieurs Intelligences toutes
bienfaiſantes.

Ou lorſqu'on admet pluſieurs Intelligences
ſuprêmes tant bonnes que mauvaiſes.

Ou lorſqu'on ſuppoſe que l'adminiſtration
des choſes eſt partagée entre pluſieurs Intelligences tant bonnes que mauvaiſes , & le
hazard.

mention

mention , nous remarquerons de plus
qu'il y a beaucoup de perſonnes qui
par eſprit de ſepticiſme , par indolence,
ou par défaut de lumiéres ne font dé-
cidées pour aucune.

Tous ces ſyſtêmes ſuppoſés , il nous
reſte à examiner comment chaque ſyſtême en particulier & l'indéciſion même
s'accordent avec la Vertu, & juſqu'où
ils ſont compatibles avec un caractère
honnête & moral.

PARTIE SECONDE.

SECTION PREMIERE.

LORSQUE je tourne les yeux ſur
les Ouvrages d'un Artiſte ou ſur
quelque production ordinaire de la Nature & que je ſens en moi-même combien il eſt difficile de parler avec exactitude des *parties* , ſans une connoiſſance

profonde du *Tout* ; je ne fuis point étonné de notre infuffifance dans les recherches qui concernent le Monde, le chef-d'œuvre de la Nature. Cependant à force d'obfervations & d'étude, à force de combiner les proportions & les formes dont la plûpart des Créatures qui nous environnent, font revêtuës, nous fommes parvenus à déterminer quelques-uns de leurs ufages. Mais quelle eft la fin de ces Créatures en particulier ? En général même, à quoi fert l'efpece entiére de quelques - unes d'entr'elles ? C'eft ce que nous ne connoîtrons peut-être jamais. Cependant

Nous fçavons que chaque Créature a un *Intérêt privé* , un *bien-être* qui lui eft propre, & auquel elle tend de toute fa puiffance ; penchant raifonnable qui a fon origine dans les avantages de fa conformation naturelle. Nous fçavons

que fa condition *relative* aux autres Etres
eft bonne ou mauvaife ; qu'elle affectionne la bonne , & que le Créateur lui en
a facilité la poffeffion. Mais fi toute
Créature a un bien particulier , un intérêt privé , un but auquel tous les avantages de fa conftitution font naturellement dirigés ; & fi je remarque dans les
paffions , les fentimens , les affections
d'une Créature , quelque chofe qui l'é-
loigne de fa fin ; j'affurerai qu'elle eft
mauvaife & mal conditionnée. Par rapport à elle-même , cela eft évident. De
plus , fi ces fentimens , ces appétits qui
l'écartent de fon but naturel , croifent
encore celui de quelqu'individu de fon
efpece , j'ajouterai qu'elle eft mauvaife
& mal conditionnée , relativement aux
autres. Enfin , fi le même défordre dans
fa conftitution naturelle qui la rend mauvaife par rapport aux autres , la rendoit

auſſi mauvaiſe par rapport à elle-même ; ſi la même œconomie dans ſes affeçtions qui la qualifie bonne par rapport à elle-même, produiſoit le même effet relativement à ſes ſemblables ; elle trouveroit en ce cas ſon avantage particulier en cette bonté, par laquelle elle feroit le bien d'autrui ; & c'eſt en ce ſens que l'intérêt privé peut s'accorder avec la Vertu morale.

Nous approfondirons ce point dans la derniére partie de cet eſſai. Notre objet, quant-à-preſent, c'eſt de chercher en quoi conſiſte cette qualité que nous déſignons par le nom de *bonté*. Qu'eſt-ce que la *bonté* ?

Si un Hiſtorien ou quelque Voyageur nous faiſoit la deſcription d'une Créature parfaitement iſolée, ſans ſupérieure, ſans égale, ſans inférieure, à l'abri de tout ce qui pourroit émouvoir ſes paſſions ;

feule en un mot de fon efpece , nous di-
rions fans héfiter , *que cette Créature fin-*
guliere doit être plongée dans une affreufe
mélancholie ; car quelle confolation pour-
roit-t'elle avoir en un Monde qui n'eft pour
elle qu'une vafte folitude. Mais fi l'on
ajoutoit, *qu'en dépit des apparences , cette*
Créature joüit de la vie , fent le bonheur
d'exifter , & trouve en elle-même de la
félicité. Alors nous pourrions convenir
que ce n'eft pas tout-à-fait un monftre &
que relativement à elle-même , fa confti-
tution naturelle n'eft pas entiérement ab-
furde ; mais nous n'irions jamais jufqu'à
dire que cet Etre eft bon. Cependant fi
l'on infiftoit & qu'on nous objeétât *qu'il*
eft parfait dans fa maniere,& conféquem-
ment que nous lui refufons à tort l'épi-
thete de bon ; car qu'importe qu'il ait
quelque chofe à démêler avec d'autres ,
ou non ? il faudroit bien franchir le mot,

& reconnoître *que cet Etre est bon ; s'il est possible toutefois qu'il soit parfait en soi-même, sans avoir aucun rapport avec l'univers dans lequel il est placé.* Mais si l'on venoit à découvrir à la longue quelque systême dans la Nature dont on pût considérer ce vivant Automate, comme faisant partie, il perdroit incontinent le titre de bon, dont nous l'avions décoré. Car comment conviendroit-il à un individu qui par sa solitude & son inaction tendroit aussi directement à la ruine de son espece. *

* Divin Anachorete, suspendez un moment la profondeur de vos méditations, & daignez détromper un pauvre *Mondain* & qui fait gloire de l'être. J'ai des passions & je serois bien fâché d'en manquer : c'est très-passionnément que j'aime mon Dieu, mon Roi, mon Pays, mes Parens, mes Amis, ma Maîtresse & moi-même.

Je fais un grand cas des richesses : j'en ai beaucoup & j'en désire encore : un homme bienfaisant en a-t'il jamais assez ? Qu'il me seroit doux de pouvoir animer ce talent qui languit sous mes yeux, unir ces Amans que l'indigence retient dans le célibat, venger par

Mais si dans la structure de cet Animal ou de tout autre, j'entrevois des liens qui l'attachent à des Etres connus & différens de lui ; si sa conformation m'indique des rapports, même à d'autres especes que la sienne ; j'assurerai qu'il fait partie de quelque systême. Par exemple, s'il est mâle, il a rapport en cette qualité avec la femelle ; & la conformation relative du mâle & de la femelle annonce une nouvelle chaîne

mes largesses ce laborieux Commerçant des revers de la fortune ? Je ne fais chaque jour qu'un ingrat ; que ne puis-je en faire un cent ? C'est à mon aisance, Religieux fanatique, que vous devez le pain que votre quêteur vous apporte.

J'aime les plaisirs honnêtes : je les quitte le moins que je peux : je les conduis d'une table moins somptueuse que délicate, à des jeux plus amusans qu'intéressés que j'interromps pour pleurer les malheurs d'Andromaque ou rire des boutades du Misantrope : je me garderai bien de les exiler par de noires réflexions : que l'épouvante & le trouble poursuivent sans cesse le crime ! l'espoir & la tranquillité, compagnes inséparables de la justice, me

d'Etres & un nouvel ordre de chofes.
C'eft celui d'une efpece ou d'une race
particuliere de Créatures qui ont une
tige commune ; race qui s'accroît & s'é-
ternife aux dépens de plufieurs fyftêmes
qui lui font deftinés.

Donc fi toute une efpece d'animaux
contribue à l'exiftence ou au bien-être
d'un autre efpece ; l'efpece facrifiée n'eft
que partie d'un autre fyftême.

L'exiftence de la Mouche eft néceffaire à la fubfiftance de l'Araignée : auffi
le vol étourdi, la ftructure délicate,
& les membres déliés de l'un de ces

conduiront par la main jufqu'au bord du précipice que le fage Auteur de mes jours m'a
dérobé par les fleurs dont il l'a couvert ; &
malgré les foins avec lefquels vous vous pré-
parez à un inftant que je laiffe venir, je doute
que votre fin foit plus douce & plus heureufe
que la mienne. En tout cas, fi la confcience
reproche à l'un de nous deux d'avoir été inutile
à fa Patrie, à fa Famille & à fes Amis ; je
ne crains point que ce foit à moi.

Infectes ne le deſtinent pas moins évidemment à être la *proye* ; que la force, la
vigilance & l'adreſſe de l'autre à être le
prédateur. Les toiles de l'Araignée ſont
faites pour des aîles de Mouche.

Enfin le rapport mutuel des membres
du Corps Humain ; dans un Arbre, celui des feuilles aux branches & des branches au tronc, n'eſt pas mieux caractériſé,
que l'eſt dans la conformation & le
génie de ces animaux, leur deſtination
réciproque.

Les Mouches ſervent encore à la
ſubſiſtance des Poiſſons & des Oiſeaux.
Les Poiſſons & les Oiſeaux à la ſubſiſtance d'une autre eſpece. C'eſt ainſi
qu'une multitude de ſyſtêmes différens ſe réuniſſent & ſe fondent, pour
ainſi dire, les uns dans les autres pour
ne former qu'un ſeul ordre de choſes.

Tous les Animaux compoſent un

syftême, & ce syftême eft foumis à des loix méchaniques felon lefquelles tout ce qui y entre eft calculé.

Or , fi le syftême des Animaux fe réunit au syftême des Végétales , & ce-lui-ci au syftême des autres Etres qui couvrent la furface de notre Globe ; pour conftituer enfemble le syftême Terreftre. Si la Terre elle-même a des relations connues avec le Soleil & les Planetes , il faudra dire que tous ces syftêmes ne font que des parties d'un syftême plus étendu. Enfin fi la Nature entiére n'eft qu'un feul & vafte syftême que tous les autres Etres compofent ; il n'y aura aucun de ces Etres qui ne foit mauvais ou bon par rapport à ce grand Tout , dont il eft une Partie *; car fi cet Etre eft fuperflu , ou déplacé , c'eft

---

* Dans l'Univers tout eft uni. Cette vérité fut un des premiers pas de la Philofophie , & ce

une imperfection & conséquemment un mal absolu dans le système général.

fut un pas de Géant. *Ac mihi quidem veteres illi majus quiddam animo complexi, multo plus etiam vidisse videntur, quàm quantum nostrorum acies intueri potest ; qui omnia hæc quæ supra & subter, unum esse & unâ vi, atque unâ consensione Naturæ constricta esse dixerunt. Nullum est enim genus rerum, quod aut avulsum à cæteris per seipsum constare, aut quo cætera si careant, vim suam atque æternitatem conservare possint. Cic. Lib. 3. de Orat.* Toutes les découvertes des Philosophes modernes se réunissent pour constater la même proposition. Tous les Auteurs de système, sans en excepter Epicure, la supposoient, lorsqu'ils ont considéré le Monde comme une Machine dont ils avoient à expliquer la formation & à développer les ressorts secrets. Plus on voit loin dans la Nature, & plus on y voit d'union. Il ne nous manque qu'une Intelligence & des Expériences proportionnées à la multitude des Parties & à la grandeur du Tout, pour parvenir à la démonstration. Mais si le Tout est immense ; si le nombre des Parties est infini ; devons-nous être surpris que cette union nous échappe souvent ? Quelle raison a-t'on d'en conclure qu'elle ne subsiste pas. Je ne vois pas comment ce Phénomene fatal à cette espece est, par une suite de l'ordre universel des choses, avantageux à une autre espece ; donc l'ordre universel est une chimere. Voilà le raisonnement de ceux qui attaquent la nature.

Si un Etre est absolument mauvais ;
il est tel relativement au systême général,
& ce systême est imparfait. Mais si le mal
d'un systême particulier fait le bien d'un
autre systême , si ce mal apparent contribue au bien général; comme il arrive, lorsqu'une espece subsiste par la destruction
d'une autre ; lorsque la corruption d'un
Etre en fait éclorre un nouveau ; lorsqu'un tourbillon se fond dans un tourbillon voisin. Ce mal particulier n'est pas
un mal absolu ; non plus qu'une dent qui

Voici maintenant la réponse & le raisonnement de ceux qui la défendent : je suis en état
de démontrer que ce qui fait en mille occasions le mal d'un systême, se tourne, par une
suite merveilleuse de l'ordre universel, à l'avantage d'un autre ; donc lorsque je n'ai pas la
même évidence par rapport à d'autres Phéno-
menes semblables , ce n'est point altération
dans l'ordre ; mais insuffisance dans mes lumieres ; donc l'ordre universel des choses n'en
est pas moins réel & parfait. Entre la pré-
somption raisonnable de ceux-ci & l'ignorante
témérité de leurs antagonistes , il n'est pas difficile de prendre parti.

pouffe avec douleur , n'eſt un mal réel dans un ſyſtême , que cet inconvenient prétendu conduit à ſa perfection

Nous nous garderons donc de prononcer qu'un Etre eſt abſolument mauvais , à moins que nous ne ſoyons en état de démontrer qu'il n'eſt bon dans aucun ſyſtême. *

Si l'on remarquoit dans la Nature une

* Que deviennent donc les Manichéens avec la néceſſité prétendue de leurs principes ? où aboutiſſent les reproches que les Athées font à la Nature ? On diroit à les entendre dogmatiſer , qu'ils ſont initiés dans tous ſes deſſeins , qu'ils ont une connoiſſance parfaite de ſes ouvrages , & qu'ils ſeroient en état de ſe mettre au gouvernail & de manœuvrer à ſa place. Et ils ne veulent pas s'appercevoir qu'ils ſont , par rapport à l'univers , dans un cas plus déſavantageux qu'un de ces Mexiquains qui ne connoiſſant ni la Navigation , ni la nature de la Mer , ni les propriétés des vents & des eaux , s'éveilleroit au milieu d'un Vaiſſeau , arrêté en plein Océan par un calme profond. Que penſeroit-il en conſidérant cette peſante Machine ſuſpendue ſur un Elément ſans conſiſtance ? Et que penſeroit-on de lui , s'il venoit à traiter de poids incommodes & ſuperflus,

espece qui fût incommode à toute autre ; cette espece mauvaise relativement au systême général seroit mauvaise en elle-même. De même dans chaque espece d'Animaux ; par exemple, dans l'espece Humaine, si quelqu'individu est d'un caractère pernicieux à tous ses semblables, il méritera le nom de mauvais dans son espece.

Je dis *d'un caractère pernicieux* ; car un méchant Homme, ce n'est ni celui dont le corps est couvert de peste, ni celui qui dans une fievre violente, s'élance, frappe & blesse quiconque ose l'approcher. Par la même raison, je

les ancres, les voiles, les mats, les échelles, les vergues & tout cet attirail de cordages dont il ignoreroit l'utilité. En attendant qu'il fût mieux instruit, (dût-il ne l'être jamais parfaitement), ne lui seroit-il pas mieux de juger, sur les proportions qu'il remarque dans le petit nombre de parties qui sont à sa portée, plus avantageusement de l'Ouvrier & du Tout.

n'appellerai point honnête-homme celui qui ne bleſſe perſonne, parce qu'il eſt étroitement garotté, ou, ce qui revient à cet état, celui qui n'abandonne ſes mauvais deſſeins que par la crainte d'un châtiment ou par l'eſpoir d'une récompenſe.

Dans une Créature raiſonnable, tout ce qui n'eſt point fait par affection n'eſt ni mal, ni bien : l'Homme n'eſt bon ou méchant que, lorſque l'intérêt ou le déſavantage de ſon ſyſtême eſt l'objet immédiat de la paſſion qui le meut.

Puiſque l'inclination ſeule rend la Créature méchante ou bonne, conforme à ſa nature, ou dénaturée. Nous allons maintenant examiner quelles ſont les inclinations naturelles & bonnes, & quelles ſont les affections contraires à ſa ſa nature, & mauvaiſes.

Remarquez d'abord que toute affection qui a pour objet un bien imaginaire, devenant superfluë & diminuant l'énergie de celles qui nous portent aux biens réels, est vicieuse en elle-même & mauvaise relativement à l'intérêt particulier & au bonheur de la Créature.

Si l'on pouvoit supposer que quelqu'un de ces penchans qui entraînent la Créature à ses intérêts particuliers, fût, dans son énergie légitime, incompatible avec le bien général, un tel penchant seroit vicieux. Conséquemment à cette hypothèse, une Créature ne pourroit agir conformément à sa nature sans être mauvaise dans la société; ou contribuer aux intérêts de la société, sans être dénaturée par rapport à elle-même. Mais si le penchant a ses intérêts

privés

privés, n'eſt injurieux à la ſociété, que quand il eſt exceſſif, & jamais lorſqu'il eſt tempéré; nous dirons alors que l'excès a rendu vicieux un penchant qui dans ſa nature étoit bon. Ainſi toute inclination qui portera la Créature à ſon bien particulier; pour être vicieuſe, doit être nuiſible à l'intérêt public. C'eſt ce défaut qui caractériſe l'Homme intéreſſé, défaut contre lequel on ſe récrie ſi haut*, quand il eſt trop marqué.

* Tous les Livres de Morale ſont pleins de déclamations vagues contre l'intérêt. On s'épuiſe en détails, en diviſions, & en ſubdiviſions pour en venir à cette concluſion énigmatique, *que quel que ſoit le déſintéreſſement ſpécieux, quelle que ſoit la généroſité apparente dont nous nous parions; au fond, l'intérêt & l'amour-propre ſont les ſeuls principes de nos actions.* Si au lieu de courir après l'eſprit & d'arranger des Phraſes, ces Auteurs, partant de définitions exactes, avoient commencé par nous apprendre ce que c'eſt qu'Intérêt; ce qu'ils entendent par Amour-propre; leurs Ouvrages avec cette Clef pourroient ſervir à quelque choſe. Car nous ſommes tous d'accord que la Créature peut s'aimer, peut tendre à ſes intérêts, &

<table><tr><td>I. Partie.</td><td>C</td></tr></table>

Mais si dans la Créature, l'amour de son intérêt propre n'est point incompatible avec le bien général, quelque concentré que cet amour puisse être ; s'il est même important à la société que chacun de ses membres s'applique sérieusement à ce qui le concerne en son particulier, ce sentiment est si peu vicieux, que la Créature ne peut être bonne sans en être pénétrée : car si c'est faire tort à la société que de négliger sa conservation ; cet excès de desintéressement rendroit la Créature méchante & dénaturée, autant que l'absence de toute

pourfuivre son bonheur temporel, sans cesser d'être vertueuse. La question n'est donc pas de sçavoir, si nous avons agi par amour-propre ou par intérêt ; mais de déterminer quand ces deux sentimens concouroient au but que tout homme se propose, c'est-à-dire ; à son bonheur. Le dernier effort de la prudence humaine, c'est de s'aimer, c'est d'entendre ses intérêts, c'est de connoître son bonheur comme il faut.

autre affection naturelle. Jugement qu'on ne balanceroit pas à porter, si l'on voyoit un homme fermer les yeux sur les précipices qui s'ouvriroient devant lui ; ou, sans égard pour son tempérament & pour sa santé, braver la distinction des saisons & des vêtemens. On peut envelopper dans la même condamnation quiconque seroit frappé * d'aversion pour le commerce des femmes, & qu'un tempérament dépravé, mais non pas un vice de conformation, rendroit inhabile à la propagation de l'espece.

L'amour des intérêts privés peut donc

* On confidere ici l'Homme dans l'état de pure nature, & il n'est pas question de ces Hommes faints qui fe font éloignés du Sexe, par un efprit de continence qu'on fe garde bien de blâmer. Il est évident que cet endroit ne leur convient en aucune façon ; car on ne peut affurément les accufer d'averfion pour les Femmes ou de dépravation dans le tempérament.

être bon ou mauvais : si cette passion est trop vive, & telle, par exemple, qu'un attachement à la vie qui nous rendroit incapable d'un acte généreux, elle est vicieuse ; & conséquemment la Créature qu'elle dirige est mal dirigée & plus ou moins mauvaise. Celui donc à qui, par un désir excessif de vivre, il arriveroit de faire quelque bien, ne mérite non plus par le bien qu'il fait, qu'un Avocat qui n'a que son salaire en vuë, lors même qu'il défend la cause de l'innocence ; ou qu'un soldat qui, dans la guerre la plus juste, ne combat que parce qu'il reçoit la paye.

Quelqu'avantage que l'on ait procuré à la Société ; le motif seul fait le mérite. Illustrez-vous par de grandes actions, tant qu'il vous plaira ? Vous serez vicieux, tant que vous n'agirez que par des principes intéressés. Vous pour-

fuivez votre bien particulier , avec toute
la modération poffible ; à la bonne heure : mais vous n'aviez point d'autre motif en rendant à votre efpece , ce que
vous lui deviez par inclination naturelle ; vous n'êtes pas vertueux.

En effet quels que foient les fecours
étrangers qui vous ont incliné vers le
bien : quoi que ce foit qui vous ait
prêté main-forte contre vos inclinations
perverfes , tant que vous conferverez
le même caractère , je ne verrai point
en vous de bonté. Vous ne ferez bon
que quand vous ferez le bien d'affection
& de cœur.

Si par hazard , quelqu'une de ces
Créatures douces , privées , & amies
de l'Homme , développant un caractère
contraire à fa conftitution naturelle ,
devenoit fauvage & cruelle ; on ne
manqueroit pas d'être frappé de ce phé-

noméne & de fe récrier fur fa dépravation. Suppofons maintenant que le
tems & des foins la dépouillaffent de
cette férocité accidentelle & la rame-
naffent à la douceur de celles de fon efpece, on diroit que cette Créature s'eft
rétablie dans fon état naturel. Mais fi
la guérifon n'eft que fimulée ; fi l'animal hypocrite revient à fa méchanceté,
fitôt que la crainte de fon Geolier l'a-
bandonne ; direz-vous que la douceur
eft fon vrai caractère, fon caractère
actuel ? non, fans doute. Le tempérament eft tel qu'il étoit, & l'Animal eft
toujours méchant.

Donc la bonté où la méchanceté animales * de la Créature a fa fource

* Il y a trois efpeces de Bonté. Une bonté
d'être ; c'eft une certaine convenance d'attributs qui conftitue une chofe ce qu'elle eft.
Les Philofophes l'appellent *Bonitas Entis.*

Une Bonté animale. C'eft une œconomie
dans les paffions que toute Créature fenfible

dans son tempérament actuel. Donc la Créature sera bonne en ce sens, lorsqu'en suivant la pente de ses affections, elle aimera le bien & le fera sans contrainte, & qu'elle haïra & fuira le mal, sans effroi pour le châtiment.

& bien constituée reçoit de la Nature. C'est en ce sens qu'on dit d'un Chien de chasse, lorsqu'il est bon, qu'il n'est ni lâche ni opiniâtre, ni lent ni emporté, ni timide ni indocile; mais ardent, intelligent & prompt.

Une Bonté raisonnée propre à l'Etre pensant, qu'on appelle Vertu : qualité qui est d'autant plus méritoire en lui qu'étoient grandes les mauvaises dispositions qui constituent la méchanceté animale, & qu'il avoit à vaincre pour parvenir à la Bonté raisonnée. Exemple.

Nous naissons tous plus ou moins dépravés ; les uns timides, ambitieux, & coleres ; les autres avares, indolens & téméraires : mais cette dépravation involontaire du tempérament ne rend point par elle-même, la Créature vicieuse : au contraire elle sert à relever son mérite, lorsqu'elle en triomphe. Le sage Socrate nâquit avec un penchant merveilleux à la luxure. Pour juger combien on est éloigné du sentiment impie & bizarre de ceux qui donnent tout au tempérament, vices & vertus ; on n'a qu'à lire la section suivante & sur-tout le commencement de la Section quatriéme.

La Créature fera méchante au contraire, fi elle ne reçoit pas de fes inclinations naturelles la force de remplir
fes fonctions, ou fi des inclinations dé-
pravées l'entraînent au mal & l'éloignent
du bien qui lui font propres.

En général, lorfque toutes les affections font d'accord avec l'intérêt de
l'efpece, le tempérament naturel eft
parfaitement bon. Au contraire, fi l'on
manque de quelqu'affection avantageufe,
ou qu'on en ait de fuperflues, de foibles, de nuifibles, & d'oppofées à
cette fin principale, le tempérament
eft dépravé, & conféquemment l'animal
eft méchant; il n'y a que du plus ou
du moins.

Il eft inutile d'entrer ici dans le détail des affections & de démontrer que
la colere, l'envie, la pareffe, l'orgueil
& le refte de ces paffions généralement

déteftées, font mauvaifes en elles-mêmes, & rendent méchante la Créature
qui en eft affectée. Mais il eft à propos
d'obferver que la tendreffe la plus naturelle, celle des meres pour leurs petits, & des parens pour leurs enfans
a des bornes prefcrites, au-delà def-
quelles elle dégénere en vice. L'excès
de l'affection maternelle peut anéantir
les effets de l'amour, & le trop de commifération mettre hors d'état de procurer du fecours. Dans d'autres conjonctures, le même amour peut fe
changer en une efpece de phrénéfie ;
la pitié devenir foibleffe ; l'horreur de
la mort fe convertir en lâcheté ; le mépris des dangers en témérité ; la haine
de la vie ou toute autre paffion qui
conduit à la deftruction, en défefpoir
ou folie.

SECTION TROISIEME.

Mais pour paſſer de cette bonté pure & ſimple dont toute Créature ſenſible eſt capable, à cette qualité qu'on appelle *Vertu* & qui convient ici bas à l'Homme ſeul.

Dans toute Créature capable de ſe former des notions exactes des choſes, cette écorce des Etres dont les ſens ſont frappés n'eſt pas l'unique objet de ſes affections. Les actions elles-mêmes, les paſſions qui les ont produites, la commiſération, l'affabilité, la reconnoiſſance & leurs Antagoniſtes s'offrent bien-tôt à ſon eſprit, &. ces familles ennemies qui ne lui ſont point étrangeres, ſont pour elle de nouveaux objets d'une tendreſſe ou d'une haine réfléchie.

Les ſujets intellectuels & moraux

agiffent fur l'efprit à-peu-près de la
même maniere que les Etres organifés,
fur les fens. Les figures, les proportions, les mouvemens & les couleurs
de ceux-ci ne font pas plutôt expofés à
nos yeux, qu'il réfulte de l'arrangement
& de l'œconomie de leurs parties, une
beauté qui nous récrée, ou une difformité qui nous choque. Tel eft auffi fur
les efprits, l'effet de la conduite & des
actions humaines. La régularité & le
défordre dans ces objets les affectent
diverfement, & le jugement qu'ils en
portent n'eft pas moins néceffité que
celui des fens.

L'entendement a fes yeux : les efprits entr'eux fe prêtent l'oreille : ils
apperçoivent des proportions : ils font
fenfibles à des accords : ils mefurent,
pour ainfi dire, les fentimens & les
penfées. En un mot, ils ont leur cri-

tique à qui rien n'échappe. Les sens ne font ni plus réellement ni plus vivement frappés soit par les nombres de la Mufique, foit par les formes & les proportions des Etres corporels ; que les efprits par la connoiffance & le détail des affections. Ils diftinguent dans les caractères, douceur & dureté ; ils y démêlent l'agréable & le dégoûtant, le diffonnant & l'harmonieux ; en un mot, ils y difcernent & laideur & beauté; laideur qui va jufqu'à exciter leur mépris & leur averfion ; beauté qui les tranfporte quelquefois d'admiration & les tient en extafe. Devant tout Homme qui péfe murement les chofes, ce feroit une affectation puérile * que de nier qu'il y ait dans les Etres moraux,

* En effet n'eft-ce pas une puérilité que de nier ce dont on eft évidemment foi-même affecté. Lorfque quelques-uns de nos dogmatiftes modernes, nous affurent de la meilleure

aînfi que dans les objets corporels , un

foi du monde difent-ils , " que la Divinité
,, n'eft qu'un vain phantôme ; que le vice &
,, la vertu font des préjugés d'éducation ; que
,, l'immortalité de l'ame ; que la crainte des
,, peines & l'efpérance des récompenfes à venir
,, font chimériques ,, ne font-ils pas actuellement fous le *charme* ? Le plaifir de paroître
fincère n'agit-il pas en eux ? ne font-ils pas
affectés du *decorum & dulce* ? Car enfin leur
intérêt privé demanderoit qu'ils fe réfervaffent
toutes ces rares connoiffances : plus elles feront
divulguées , moins elles leur feront utiles. Si
tous les hommes font une fois perfuadés que les
Loix Divines & humaines font des barrieres
qu'on a tort de refpecter lorfqu'on peut les
franchir fans danger , il n'y aura plus de dup-
pes que les Sots. Qui peut donc les engager
à parler , à écrire & à nous détromper même
au péril de leur vie ; car ils n'ignorent pas
que leur zèle eft affez mal récompenfé par le
gouvernement : il me femble que j'entends
M. S. qui dit à un de ces Docteurs ,, " La
,, Philofophie que vous avez la bonté de me
,, révéler , eft tout-à-fait extraordinaire. Je
,, vous fuis obligé de vos lumieres : mais quel
,, intérêt prenez-vous à mon inftruction ? Que
,, vous fuis-je ? êtes-vous mon Pere ? quand
,, je ferois votre Fils ; me devriez-vous quel-
,, que chofe en cette qualité ? Y auroit-il en
,, vous quelqu'*affection naturelle*, quelque foup-
,, çon qu'il eft doux, qu'il eft beau de détrom-
,, per à fes rifques & fortunes , un indifférent ,
,, fur des chofes qui lui importent ? Si vous

vrai beau , un beau effentiel , un fublime réel. *

„ n'éprouvez rien de ces fentimens , vous pre-
„ nez bien de la peine , & vous courez de
„ grands dangers pour un homme qui ne fera
„ qu'un ingrat , s'il fuit exactement vos prin-
„ cipes : que ne gardez-vous votre fecret pour
„ vous ? Vous en perdez tout l'avantage en
„ le communiquant. Abandonnez-moi à mes
„ préjugés : il n'eft bon ni pour vous ni pour
„ moi que je fçache que la nature m'a fait
„ Vautour & que je peux demeurer en confcien-
„ ce tel que je fuis.

* S'il n'y a ni beau , ni grand , ni fublime
dans les chofes ; que deviennent l'amour , la
gloire , l'ambition , la valeur ? à quoi bon
admirer un Poëme ou un Tableau , un Palais ou un Jardin ; une belle taille ou un beau
vifage ? Dans ce fyftême phlegmatique ; l'hé-
roïfme eft une extravagance. On ne fera pas
plus de quartier aux Mufes : le Prince des
Poëtes ne fera qu'un Ecrivain fuffifamment
infipide. Mais cette Philofophie meurtriére fe
démenc à chaque moment ; & ce Poëte qui
a employé tous les charmes de fon art pour
décrier ceux de la Nature , s'abandonne plus
que perfonne aux tranfports , aux raviffemens
& à l'enthoufiafme : & à en juger par la vivacité de fes defcriptions , qui que ce foit
ne fut plus fenfible que lui aux beautés de
l'Univers. On pourroit dire que fa Poëfie fait
plus de tort à l'hypothèfe des Atomes que
tous fes raifonnemens ne lui donnent de vrai-

Or de même que les objets sensibles,
les images des Corps, les couleurs &
semblance. Ecoutons-le chanter un moment.

Alma Venus, Cœli subter labentia signa
Quæ mare navigerum, quæ terras frugife-
rentes
Concelebras . . . .
Quæ, quoniam rerum naturam sola gubernas,
Nec sine te quicquam Dias in luminis oras
Exoritur ; neque fit lætum, neque amabile
quicquam ;
Te sociam studeo scribundis versibus esse.

Quand on a senti toute la grace de cette in-
vocation, tout ce qu'on peut alléguer contre
la beauté, ne doit faire qu'une impression bien
legère.
Et ailleurs.

Belli fera munera mavors
Armipotens regit, in gremium qui sæpe tuum se
Rejicit æterno devinctus vulnere amoris . . .
Pascit amore avidos inhians in te, Dea, visus
Eque tuo pendet resupini spiritus ore . . . .
Hunc tu, Diva, tuo recubantem corpore sancto
Circumfusa super, suaves ex ore loquelas
Funde.

Je conviens que ces vers sont d'une grande
beauté, dira-t'on. Il y a donc quelque chose

les sons agissent perpétuellement sur
nos yeux , affectent nos sens , lors

*de beau ? Sans doute , mais ce n'est pas dans
la chose décrite ; c'est dans la description : il
n'est point de monstre odieux qui par l'art imité
ne puisse plaire aux yeux : quelque difforme que
soit un Etre , (si toutesfois il y a difformité
réelle) , il plaira , pourvu qu'il soit bien repré-
senté. Mais cette représentation qui me ravit ,
ne suppose aucune beauté dans la chose : ce que
j'admire , c'est la conformité de l'Objet & de
la Peinture. La Peinture est belle ; mais l'Objet
n'est ni beau ni laid.*

Pour satisfaire à cette objection, je deman-
derai ce qu'on entend par un *Monstre.* Si l'on
désigne par ce terme un composé de parties
rassemblées au hazard , sans liaison , sans ordre , sans harmonie , sans proportion , j'ose
assurer que la représentation de cet Etre ne
sera pas moins choquante que l'Etre lui-même.
En effet , si dans le dessein d'une Tête , un
Peintre s'étoit avisé de placer les dents au-
dessous du menton , les yeux à l'occiput , &
la langue au front ; si toutes ces parties avoient
encore entr'elles des grandeurs démesurées ;
si les dents étoient trop grandes & les yeux
trop petits , relativement à la Tête entiere , la
délicatesse du pinceau ne nous fera jamais admirer cette figure. *Mais* , ajoutera-t'on , *si
nous ne l'admirons pas , c'est qu'elle ne ressemble
à rien.* Cela supposé, je refais la même question,
qu'entendez-vous donc par un *Monstre ?* Un
Etre qui ressemble à quelque chose , tel que la

même

même que nous sommeillons. Les Etres
intellectuels & moraux , non moins

Sirene , l'Hyppogrife , le Faune , le Sphinx ,
la Chimere , & les Dragons aîlés ? mais n'ap-
percevez-vous pas que ces Enfans de l'imagination des Peintres & des Poëtes n'ont rien
d'abfurde dans leur conformation ; que , quoiqu'ils n'exiſtent pas dans la Nature , ils n'ont
rien de contradictoire aux idées de liaiſon ,
d'harmonie , d'ordre & de proportion : il y a
plus ; n'eſt-il pas conſtant qu'auſſi-tôt que ces
figures pécheront contre ces idées , elles ceſſe-
ront d'être belles ? Cependant puiſque ces Etres
n'exiſtent point dans la Nature , qui eſt-ce
qui a déterminé la longueur de la queuë de
Sirene , l'étendue des aîles du Dragon , la
poſition des yeux du Sphinx , & la groſſeur
de la cuiſſe veluë & du pied fourchu des
Sylvains ? Car ces choſes ne ſont pas arbitraires. On peut répondre *que pour appeller
beaux , ces Etres poſſibles , nous avons déſiré
ſans fondement que la Peinture obſervât en eux
les mêmes rapports que ceux que nous avons trouvé établis dans les Etres exiſtans , & que c'eſt
encore ici la reſſemblance qui produit notre admiration.* La queſtion ſe réduit donc enfin à
ſçavoir ſi c'eſt raiſon ou caprice qui nous a
fait exiger l'obſervation de la loi des Etres
réels dans la Peinture des Etres imaginaires ;
queſtion décidée , ſi l'on remarque que dans
un Tableau , le Sphinx , l'Hyppogrife , & le
Sylvain ſont en action ou ſont ſuperflus : s'ils
agiſſent , les voilà placés ſur la toile , de même

puiſſans ſur l'eſprit, l'appliquent & l'exercent en tout tems. Ces formes le captivent dans l'abſence même des réalités.

Mais le cœur regarde-t'il avec indifférence les eſquiſſes des mœurs que l'eſprit eſt forcé de tracer, & qui lui ſont preſque toujours preſentes ? Je m'en rapporte au ſentiment intérieur. Il me dit qu'auſſi néceſſité dans ſes jugemens, que

que l'Homme, la Femme, le Cheval & les autres Animaux ſont placés dans l'Univers : or dans l'Univers les devoirs à remplir déterminent l'organiſation : l'organiſation eſt plus ou moins parfaite ſelon le plus ou le moins de facilité que l'Automate en reçoit pour vaquer à ſes fonctions : car qu'eſt-ce qu'un bel Homme ? ſi ce n'eſt celui dont les membres bien proportionnés conſpirent de la façon la plus avantageuſe à l'accompliſſement des fonctions animales. Mais cet avantage de conformation n'eſt point imaginaire : les formes qui le produiſent ne ſont pas arbitraires, ni par conséquent la beauté qui eſt une ſuite de ces formes. Tout cela eſt évident pour quiconque connoît un peu les proportions géométriques que doivent obſerver les parties du corps entr'elles pour conſtituer l'œconomie animale.

l'efprit dans fes opérations, fa corruption ne va jamais jufqu'à lui dérober
totalement la différence du beau & du
laid, & qu'il ne manquera pas d'approuver le naturel & l'honnête, & de
rejetter le deshonnête & le dépravé,
furtout dans les momens défintéreffés :
c'eft alors un connoiffeur équitable qui
fe promene dans une gallerie de Pein-
tures, qui s'émerveille de la hardieffe
de ce trait, qui fourit à la douceur
de ce fentiment, qui fe prête au tour
de cette affection, & qui paffe dédaigneu-
fement fur tout ce qui bleffe la belle
Nature.

Les fentimens, les inclinations, les
affections, les penchans, les difpofitions,
& conféquemment toute la conduite
des Créatures dans les différens états
de la vie font les fujets d'une infinité
de Tableaux exécutés par l'efprit qui faifit

D ij

avec promptitude & rend avec vivacité
& le bien & le mal. Nouvelle épreuve,
nouvel exercice pour le cœur qui dans
son état naturel & sain est affecté du raisonnable & du beau ; mais qui dans la
dépravation renonce à ses lumieres pour
embrasser le monstrueux & le laid.

Par conséquent, point de Vertu morale , point de mérite , sans quelques
notions claires & distinctes du bien général, & sans une connoissance réfléchie
de ce qui est moralement bien ou mal,
digne d'admiration ou de haine , droit
ou injuste. Car quoique nous disions
communément d'un Cheval mauvais ,
qu'il est vicieux , on n'a jamais dit d'un
bon Cheval ou de tout autre animal
imbécile & stupide , pour docile qu'il
fût , qu'il étoit méritant & vertueux.

Qu'une Créature soit généreuse ,
douce , affable , ferme & compatis-

fante ; fi jamais elle n'a réfléchi fur ce qu'elle pratique & voit pratiquer aux autres ; fi elle ne s'eft fait aucune idée nette & précife du bien & du mal ; fi les charmes de la Vertu & de l'honnêteté ne font point les objets de fon affection : Son caractère n'eft point vertueux par principes : elle en eft encore à acquérir cette connoiffance active de la droiture qui devoit la déterminer ; cet amour défintéreffé de la Vertu qui feul pouvoit donner tout le prix à fes actions.

Tout ce qui part d'une mauvaife affection eft mauvais, inique & blâmable : mais fi les affections font faines, fi leur objet eft avantageux à la fociété & digne en tout tems de la pourfuite d'un Etre raifonnable ; ces deux conditions réunies formeront ce qu'on appelle droiture, équité dans les actions.

Faire tort, ce n'eſt pas faire injuſtice: car un fils généreux peut, ſans ceſſer de l'être, tuer par malheur ou par mal-adreſſe, ſon Pere au lieu de l'ennemi dont il s'efforçoit de le garantir. mais ſi par une affection déplacée, il eût porté ſes ſecours à quelqu'autre, ou négligé les moyens de le conſerver par défaut de tendreſſe, il eût été coupable d'injuſtice.

Si l'objet de notre affection eſt raiſonnable, s'il eſt digne de notre ardeur & de nos ſoins ; l'imperfection ou la foibleſſe des ſens ne nous rendent point coupables d'injuſtice. Suppoſons qu'un homme dont le jugement eſt entier & les affections ſaines, mais la conſtitution ſi bizarre & les organes ſi dépravés, qu'à travers ces miroirs trompeurs il n'apperçoive les objets que défigurés, eſtropiés & tout autres qu'ils ſont ; il eſt évident que le défaut ne réſidant point dans la partie ſupérieure & libre ; cette infortunée Créature ne peut paſſer pour vicieuſe.

Il n'en eſt pas ainſi des opinions qu'on adopte , des idées qu'on ſe fait ou des Religions qu'on profeſſe. Si dans une de ces Contrées jadis ſoumiſes aux plus extravagantes ſuperſtitions ; où les Chats, les Crocodiles , les Singes & d'autres animaux vils & mal-faiſans , étoient adorés ; un de ces Idolâtres ſe fût ſaintement * perſuadé qu'il étoit juſte de préférer le ſalut d'un Chat au ſalut de ſon Pere , & qu'il ne pouvoit ſe diſpenſer en conſcience de traiter en ennemi ; quiconque ne profeſſoit pas ce culte : ce fidele Croyant n'eut été qu'un homme déteſtable , & toute action fondée ſur

* O. Sanctas gentes quibus hæc naſcuntur in hortis numina ! Juv.

D iiij

des dogmes pareils, ne peut être qu'injuste, abominable & maudite.

Toute méprise sur la valeur des choses qui tend à détruire quelqu'affection raisonnable, ou à en produire d'injustes, rend vicieux, & nul motif ne peut excuser cette dépravation. Celui, par exemple, qui séduit par des vices brillans, a mal placé son estime, est vicieux lui-même. Il est quelquefois aisé de remonter à l'origine de cette corruption nationale. Ici, c'est un Ambitieux qui vous étonne par le bruit de ses exploits ; là, c'est un Pirate, ou quelqu'injuste Conquérant qui par des crimes illustres a surpris l'admiration des peuples, & mis en honneur des caratères qu'on devroit détester. Quiconque applaudit à ces *renommées*, se dégrade lui-même. Quant à celui qui croyant estimer & chérir un homme vertueux

n'eſt que la dupe d'un ſcélérat hypocrite , il peut être un ſot ; mais il
n'eſt pas un méchant pour cela.

L'erreur de fait ne touchant point
aux affections , ne produit point le vice ;
mais l'erreur de droit influe dans toute
Créature raiſonnable & conſéquente ,
ſur ſes affections naturelles , & ne peut
manquer de la rendre vicieuſe.

Mais il y a beaucoup d'occaſions où
les matieres de droit ſont d'une diſ-
cuſſion trop épineuſe , même pour les
perſonnes les plus éclairées. * Dans ces
circonſtances , une faute legere ne ſuffit

---

* Les erreurs particuliéres engendrent les erreurs populaires , & alternativement : on aime à
perſuader aux autres ce que l'on croit , & l'on
réſiſte difficilement à ce dont on voit les autres perſuadés. Il eſt preſqu'impoſſible de rejetter les opinions qui nous viennent de loin
& comme de main en main ; le moyen de
donner un démenti à tant d'honnêtes-gens
qui nous ont précédés ! Les tems écartent d'ailleurs une infinité de circonſtances qui nous
enhardiroient : ceux qui ſe ſont abbreuvés

pas pour dépouiller un homme du caractère & du titre de vertueux. Mais
lorsque la superstition ou des coutumes
barbares le précipitent dans de grossié-
res erreurs sur l'emploi de ses affections :
lorsque ces bévûes sont si fréquentes,
si lourdes & si compliquées qu'elles ti-
rent la Créature de son état naturel ;
c'est-à-dire, lorsqu'elles exigent d'elle
des sentimens contraires à l'humaine
société, & pernicieux dans la vie civile ;
céder, c'est renoncer à la Vertu.

Concluons donc que le Mérite ou la
Vertu dépendent d'une connoissance de

successivement de ces étrangetés, dit Montagne, ont senti par les oppositions qu'on leur
a faites, où logeoit la difficulté de la persua-
sion, & ils ont calfeutré ces endroits de piéces
nouvelles ; ils n'ont point craint d'ajouter de
leur invention autant qu'ils le croyoient nécessaire pour suppléer à la résistance & au défaut qu'ils pensoient être en la conception
d'autrui. Histoire fidelle & naïve de l'origine
& du progrès des erreurs populaires.

la juftice & d'une fermeté de raifon,
capables de nous diriger dans l'emploi
de nos affections. Notions de la juftice,
courage de la raifon, reffources uniques
dans le danger, où l'on fe trouve de
confacrer fes efforts, & de proftituer fon
eftime à des abominations, à des horreurs, à des idées deftructives de toute
affection naturelle. Affections naturelles,
fondemens de la fociété, que les loix
fanguinaires d'un point d'honneur & les
principes erronés d'une fauffe Religion
tendent quelquefois à fapper. Loix &
principes qui font vicieux, & ne conduiront ceux qui les fuivent qu'au crime
& à la dépravation, puifque la juftice &
la raifon les combattent. Quoi que ce foit
donc qui, fous prétexte d'un bien préfent ou futur, prefcrive aux hommes
de la part de Dieu, la trahifon, l'ingratitude, & les cruautés. Quoi que ce

foit, qui leur apprenne à perfécuter leurs femblables par bonne amitié, à tourmenter par paffe-tems leurs Prifonniers de guerre, à fouiller les Autels de fang humain, à fe tourmenter eux-mêmes, à fe macérer cruellement, à fe déchirer dans des accès * de zèle en préfence de leurs Divinités & à

* Domptez vos paffions, dit la Religion: confervez-vous, dit la Nature. Il eft toujours poffible de fatisfaire à l'une & à l'autre; du moins il faut le fuppofer, car il feroit bien fingulier qu'il y eût un cas où l'on feroit forcé de devenir homicide de foi-même, pour être vertueux. C'eft ce que les Piétiftes outrés ne manqueroient pas d'appercevoir, s'ils ofoient confulter la Raifon. Celui qui fatigué de lutter contre lui-même finiroit la querelle d'un coup de piftolet, feroit un enragé, leur diroit-elle. Mais celui qui révolté de ce procédé brufque, prendroit par amour de Dieu & pour le bien de fon ame, chaque jour, une dofe legere d'un poifon qui le conduiroit infenfiblement au tombeau, feroit-il moins fol ? non fans doute. Si le crime eft dans le *fuicide*, qu'importe qu'on fe tue par des jeûnes & des veilles, de l'arfenic ou du fublimé ? dans un inftant ou dans l'efpace de dix années ? avec un cilice & des fouets, un piftolet ou un

commettre, pour les honorer ou pour leur complaire, quelque action inhumaine & brutale ; qu'ils refufent d'obéir, s'ils font vertueux ; & qu'ils ne permettent point aux vains applaudiffemens de la coutume, ou aux Oracles impofteurs de la fuperftition, d'étouffer les cris de la Nature & les confeils de la Vertu. Toutes ces actions que l'humanité * profcrit, feront toujours des horreurs en dépit des coutumes barba-

poignard ? C'eft difputer fur la forme du crime ; c'eft s'excufer fur la couleur du poifon. Telle étoit la penfée de Saint Auguftin. Ceux qui croyent honorer Dieu par ces excès font dans la même fuperftition que ces Payens dont il dit dans fon Traité merveilleux de la Cité de Dieu, *tantus eft perturbatæ mentis & fedibus fuis pulfæ furor, ut fic dii placentur, quemadmodùm ne homines quidem fæviunt.*

* La hardieffe d'un Egyptien efprit fort, qui bravant la doctrine du facré Collége eût refufé de porter fon hommage à des Etres deftinés à fa nourriture & d'adorer un Chat, un Crocodile, un Oignon, eût été pleinement juftifiée par l'abfurdité de cette croyance.

res , des loix capricieuses , & des faux cultes qui les auront ordonnées. Mais rien ne peut altérer les loix éternelles de la Juſtice.

SECTION QUATRIEME.

Les Créatures qui ne ſont affectées que par les objets ſenſibles ſont bon-

Tout dogme qui conduit à des infractions groſſiéres de la Loi Naturelle ne peut être reſpecté en ſureté de conſcience. Lorſque la Nature & la Morale ſe récrient contre la voix des Miniſtres , l'obéiſſance eſt un crime. Qui niera que le crédule Egyptien qui pour donner du ſecours à ſon Dieu , eut laiſſé périr ſon Pere , n'eût été un vrai parricide ? Si l'on me dit jamais , trahi , vole , pille , tue ; c'eſt ton Dieu qui l'ordonne ; je répondrai ſans examen : trahir , voler , piller , tuer , ſont des crimes , donc Dieu ne me l'ordonne pas. La pureté de la morale peut faire préſumer la vé-rité d'un culte ; mais ſi la morale eſt cor-rompue , le culte qui préconiſe cette dépra-vation , eſt démontré faux. Quel avantage cette réflexion ſeule ne donne-t'elle pas au Chriſtianiſme , ſur toutes les autres Religions ! Quelle morale comparable à celle de Jeſus-Chriſt !

nes ou mauvaises, selon que leurs affections sensibles sont bien ou mal ordonnées. Mais c'est tout autre chose, dans
les Créatures capables de trouver dans
le bien ou le mal moral, des motifs
raisonnés de tendresse ou d'aversion; car
dans un individu de cette espece, quelque déréglées que soient les affections
sensibles, le caractère sera bon & l'individu vertueux, tant que ces penchans
libertins demeureront subordonnés aux
affections réfléchies dont nous avons
parlé.

Il y a plus. Si le tempérament est
bouillant, colère, amoureux; & si la
Créature domptant ces passions, s'attache à la vertu, en dépit de leurs efforts; nous disons alors que son mérite
en est d'autant plus grand, & nous avons
raison. Si toutefois l'intérêt privé étoit
la seule digue qui la retînt; si, sans

égard pour les charmes de la vertu , son unique bien étoit le fléau de ses vices , nous avons démontré qu'elle n'en seroit pas plus vertueuse : mais il est certain que si , de plein gré & sans aucun motif bas & servile , l'homme colère étouffe sa passion , & le luxurieux réprime ses mouvemens ; si tous deux supérieurs à la violence de leurs penchans, ils sont devenus, l'un modeste & l'autre tranquille & doux ; nous applaudirons à leur vertu , beaucoup plus hautement que s'ils n'avoient point eu d'obstacles à surmonter. Quoi donc ! le penchant au vice seroit-il un relief pour la vertu ? Des inclinations perverses seroient-elles nécessaires pour *parfaire* l'homme vertueux ?

Voici à quoi se réduit cette espece de difficulté. Si les affections libertines se révoltent par quelqu'endroit, pourvû que

leur

leur effort foit fouverainement réprimé ;
c'eft une preuve inconteftable que la
vertu maîtreffe du caractère, y prédomine : mais fi la Créature vertueufe à
meilleur compte, n'éprouve aucune fé-
dition de la part de fes paffions, on peut
dire qu'elle fuit les principes de la vertu, fans donner d'exercice à fes forces.
La vertu qui n'a point d'ennemis à combattre dans ce dernier cas, n'en eft peut-
être pas moins puiffante ; & celui qui
dans le premier cas, a vaincu fes ennemis, n'en eft pas moins vertueux. Au
contraire, débarraffé des obftacles qui
s'oppofoient à fes progrès, il peut fe livrer entiérement à la vertu & la poffé-
der dans un degré plus éminent.

C'eft ainfi que la vertu fe partage en
degrés inégaux chez l'efpéce raifonnable ; c'eft-à-dire chez les hommes, quoiqu'il n'y en ait pas un entr'eux peut-

être, qui jouiſſe de cette raiſon ſaine & ſolide qui ſeule peut conſtituer un caractère uniforme & parfait. C'eſt ainſi qu'avec la vertu, le vice diſpoſe de leur conduite, alternativement vainqueur & vaincu : car il eſt évident par ce que nous avons dit juſqu'à préſent que, quel que ſoit dans une Créature, le déſordre des affections tant par rapport aux objets ſenſibles, que par rapport aux Etres intellectuels & moraux; quelqu'effrénés que ſoient ſes principes; quelque furieuſe, impudique ou cruelle qu'elle ſoit devenue; ſi toutefois il lui reſte la moindre ſenſibilité pour les charmes de la vertu; ſi elle donne encore quelque ſigne de bonté, de commiſération, de douceur, ou de reconnoiſſance; il eſt, dis-je évident, que la vertu n'eſt pas morte en elle & qu'elle n'eſt pas entiérement vicieuſe & dénaturée.

Un criminel qui par un sentiment d'honneur & de fidélité pour ses complices, refuse de les déclarer, & qui, plutôt que de les trahir, endure les derniers tourmens & la mort même, a certainement quelques principes de vertu; mais qu'il déplace. C'est aussi le jugement qu'il faut porter de ce malfaiteur qui plutôt que d'exécuter ses compagnons, aima mieux mourir avec eux.

Nous avons vû combien il étoit difficile de dire de quelqu'un qu'il étoit un parfait Athée; il paroît maintenant qu'il ne l'est gueres moins d'assurer qu'un homme est parfaitement vicieux. Il reste aux plus grands scélerats toujours quelqu'étincelle de vertu, & un mot des plus justes que je connoisse, c'est celui-ci : « Rien n'est aussi rare qu'un parfaite- » ment honnête homme; si ce n'est peut- » être un parfait scélerat : car par-tout où

il y a la moindre affection intégre, il y
a, à parler exactement, quelque germe
de vertu.

Après avoir examiné ce que c'est que
la vertu en elle-même, nous allons confidérer comment elle s'accorde avec les
différens fyſtêmes concernant la Divinité.

TROISIEME PARTIE.

PREMIERE SECTION.

PUISQUE l'effence de la vertu con-
fiſte, comme nous l'avons démontré, dans une juſte difpofition, dans une
affection tempérée de la Créature raifonnable pour les objets intellectuels &
moraux de la juſtice, afin d'anéantir ou
d'énerver en elle les principes de la
vertu, il faut,

1°. Ou lui ôter le sentiment & les idées naturelles d'injustice & d'équité.

2°. Ou lui en donner de fausses idées.

3°. Ou soulever contre ce sentiment intérieur d'autres affections.

De l'autre côté, pour accroître & fortifier les principes de la vertu, il faut,

1°. Ou nourrir & aiguiser, pour ainsi dire, le sentiment de droiture & de justice.

2°. Ou l'entretenir dans toute sa pureté.

3°. Ou lui soumettre toute autre affection.

Considérons maintenant quel est celui de ces effets, que chaque hypothèse concernant la Divinité doit naturellement produire, ou tout au moins favoriser.

Premier Effet.

Priver la Créature du sentiment naturel d'injustice & d'équité.

On ne nous soupçonnera pas sans doute d'entendre par « priver la Créa- » ture du sentiment naturel d'injustice » & d'équité » effacer en elle toute notion du bien & du mal relatifs à la Société. Car qu'il y ait bien & mal par rapport à l'espece, c'est un point qu'on ne peut totalement obscurcir. L'intérêt public est une chose généralement a-vouée : & rien de mieux connu de chaque particulier, que ce qui les concerne tous en général. Ainsi quand nous dirons qu'une Créature a perdu tout sentiment de droiture & d'injustice, nous supposerons au contraire qu'elle est toujours capable de discerner le bien & le mal relatifs à son espece ; mais qu'elle

y est devenue parfaitement insensible, &
que l'excellence & la bassesse des actions morales n'excitent plus en elle ni
estime ni aversion : de sorte que , sans
un intérêt particulier & des plus étroitement concentré qui vit toujours en elle
& qui lui arrache quelquefois des jugemens favorables à la vertu , on pourroit dire qu'elle n'affectionne dans les
mœurs ni laideur ni beauté, & que tout y
est par rapport à elle d'une monstrueuse
uniformité.

Une Créature raisonnable qui en
offense une autre mal à propos , sent
que l'appréhension d'un traitement égal
doit soulever contre elle le ressentiment & l'animosité de celles qui l'obser-
vent. Celui qui fait tort à un seul, se reconnoît intérieurement pour aussi odieux
à chacun, que s'il les avoit tous offensés.

Le crime trouve donc pour ennemis

tous ceux qu'il allarme ; & par la raifon des contraires, la vertu d'un particulier a droit à la bienveillance & aux récom-penfes de tout le monde. Ce fentiment n'eft pas étranger aux hommes les plus méchans. Lors donc qu'on parle du fen-timent naturel d'injuftice & d'équité, fi par cette expreffion on prétend défigner quelque chofe de plus que ce que nous venons de dire, c'eft fans doute cette vive antipathie pour l'injuftice & cette affection tendre pour la droiture, parti-culieres aux profondément honnêtes gens.

Qu'une Créature fenfible puiffe naître fi dépravée, fi mal conftituée, que la connoiffance des objets qui font à fa portée, n'excite en elle aucune affec-tion : qu'elle foit originellement incapa-ble d'amour, de pitié, de reconnoif-fance & de toute autre paffion fociale ;

c’eſt une hypothèſe chimérique. Qu’une Créature raiſonnable , quelque tempérament qu’elle ait reçu de la nature , ait ſenti l’impreſſion des objets proportionnés à ſes facultés ; que les images de la juſtice , de la généroſité , de la tempérance & des autres vertus ſe ſoient gravées dans ſon eſprit , & qu’elle n’ait éprouvé aucun penchant pour ces qualités, aucune averſion pour leurs contraires ; qu’elle ſoit demeurée vis-à-vis de ces repréſentations dans une parfaite neutralité ; c’eſt une autre chimère. L’eſprit ne ſe conçoit non plus ſans affection pour les choſes qu’il connoît , que ſans la puiſſance de connoître ; mais s’il eſt une fois en état de ſe former des idées d’action , de paſſion , de tempérament & de mœurs , il diſcernera dans ces objets laideur & beauté auſſi néceſſairement que l’œil apperçoit rapports & diſ-

proportions dans les figures & que l'o-
reille fent harmonie & diffonance dans
les fons. On pourroit foutenir contre
nous qu'il n'y a ni charmes ni difformité réelle dans les objets intellectuels &
moraux ; mais on ne difconviendra jamais qu'il n'y en ait d'imaginés & dont
le pouvoir eft grand. Si l'on nie que la
chofe foit dans la nature , on avouera
du moins que c'eft de la nature que nous
tenons l'idée qu'elle y exifte : car la pré-
vention naturelle en faveur de cette diftinction de laideur & de beauté morales
eft fi puiffante ; cette différence dans les
objets intellectuels & moraux préoccu-
pe tellement notre efprit , qu'il faut de
l'art , de violens efforts , un exercice
continué & de pénibles méditations pour
l'obfcurcir.

Le fentiment d'injuftice & d'équité
nous étant auffi naturel que nos affec-

tions : cette qualité étant un des premiers elémens de notre conſtitution, il
n'y a point de ſpéculation, de croyance, de perſuaſion, de culte capable de
l'anéantir immédiatement & directement. Déplacer ce qui nous eſt naturel,
c'eſt l'ouvrage d'une longue habitude;
autre nature. Or la diſtinction d'injuſtice
& d'équité nous eſt originelle : appercevoir dans les Etres intellectuels &
moraux, laideur & beauté, c'eſt une
opération auſſi naturelle & peut-être antérieure dans notre eſprit à l'opération
ſemblable ſur les Etres organiſés. Il n'y
a donc qu'un exercice contraire qui
puiſſe la troubler pour toujours ou la
ſuſpendre pour un tems.

Nous ſçavons tous que ſi par défaut
de conformation, par accident ou par
habitude, on prend une contenance deſ-
agréable, on contracte un tic ridicule,

on affecte quelque geste choquant, toute l'attention, tous les soins, toutes les précautions qu'un désir sincère de s'en défaire peut suggérer, suffisent à peine pour en venir à bout. La nature est bien autrement opiniâtre. Elle s'afflige & s'irrite sous le joug, toujours prête à le secouer : c'est un travail sans fin que de la maîtriser. L'indocilité de l'esprit est prodigieuse, sur-tout quand il est question des sentimens naturels & de ces idées anticipées, telles que la distinction de la droiture & de l'injustice. On a beau les combattre & se tourmenter ; ce sont des hôtes intraitables contre lesquels il faut recourir aux grands expédients, aux derniéres violences. La plus extravagante superstition, l'opinion nationale la plus absurde ne les excluront jamais parfaitement.

Comme le Déisme, le Théisme, l'Athéïfme & même le Démonifme n'ont aucune action immédiate & directe, relativement à la diftinction morale de la droiture & de l'injuftice ; comme tout culte foit impie foit religieux n'opere fur cette idée naturelle & premiere que par l'intervention & la révolte des autres affections ; nous ne parlerons de l'effet de ces hypothèfes que dans la troifiéme fection, où nous examinerons l'accord ou l'oppofition des affections avec le fentiment naturel par lequel nous diftinguons la droiture de l'injuftice.

SECTION SECONDE.

SECOND EFFET.

Dépraver le sentiment naturel de la droiture & de l'injustice.

Cet effet ne peut être que le fruit de la coutume & de l'éducation dont les forces se réunissent quelquefois contre celles de la nature, comme on peut le remarquer dans ces contrées où l'usage & la politique encouragent par des applaudissemens & consacrent par des marques d'honneur des actions naturellement odieuses & deshonnêtes. C'est à l'aide de ces prestiges qu'un homme se surmontant lui-même, s'imagine servir sa Patrie, étendre la terreur de sa Nation, travailler à sa propre gloire & faire un acte héroïque, en mangeant en dépit de la nature & de son estomac, la chair de son ennemi.

Mais pour en venir aux différens fyftêmes concernant la divinité & à l'effet
qu'ils produifent dans ce cas ;

D'abord il ne paroît pas que l'Athéifme ait aucune influence diamétralement
contraire à la pureté du fentiment naturel de la droiture & de l'injuftice. Un
malheureux que cette hypothèfe aura
jetté & entretenu dans une longue habitude de crimes, peut avoir les idées de
juftice & d'honnêteté fort obfcurcies ;
mais elle ne le conduit point par elle-
même à regarder comme grande &
belle une action vile & deshonnête. Ce
fyftême moins dangereux en ceci feulement que la fuperftition, ne prêche
point qu'il eft beau de s'accoupler avec
des animaux, ou de s'affouvir de la chair
de fon ennemi. Mais il n'y a point d'horreurs, point d'abominations qui ne puiffent être embraffées comme des chofes

excellentes, louables & faintes, fi quelque culte dépravé les ordonne *.

* Sans entrer dans un long détail fur cette
matiére, je citerai feulement deux exemples
qu'on lit chap. 2. fect. 9. pag. 29. de l'Effai
Philofophique fur l'entendement humain : il
eft difficile de fe refufer au témoignage d'un
Voyageur, lorfqu'il eft fcellé de l'autorité d'un
Ecrivain tel que Lock. Les Topinambous ne
connoiffent pas de meilleurs moyens pour aller en Paradis que de fe venger cruellement
de leurs ennemis & d'en manger le plus qu'ils
peuvent. Ceux que les Turcs canonifent & mettent au nombre des Saints, menent une vie
qu'on ne peut rapporter fans bleffer la pudeur.
Il y a fur ce fujet un endroit fort remarquable
dans le voyage de Baum-Garten. Comme ce
Livre eft affez rare, je tranfcrirai ici le paffage
tout au long dans la même langue qu'il a été
publié. *Ibi (fcil. prope Belbes in Ægypto) vidimus fanctum unum Saracenicum inter arena-
rum cumulos , ita ut ex utero matris prodiit ,
nudum fedentem. Mos eft , ut didicimus , Ma-
hometiftis , ut eos qui amentes & fine ratione
funt, pro fanctis colant & venerentur. Infuper
& eos qui , cùm diu vitam egerint, inquinatiffi-
mam, voluntariam demum pœnitentiam & pau-
pertatem, fanctitate venerandos deputant. Ejuf-
modi vero genus hominum libertatem quamdam
effrænem habent , domos quas volunt intrandi,
edendi , bibendi , & quod majus eft concum-
bendi : ex quo concubitu fi proles fecuta fuerit,
fancta fimiliter habetur. His ergo hominibus*

Et

Et Je ne vois point en cela de prodige ; car toutes les fois que sous
l'autorité prétendue ou le bon plaisir
des Dieux , la superstition exige quelque action détestable ; si malgré le
voile sacré dont on l'enveloppe ; le
fidéle en pénétre l'énormité ; de quel
œil verra-t'il les objets de son culte * ? en portant aux pieds de leurs
autels , des offrandes que la crainte lui
arrache , il les traitera dans le fond de

*dum vivunt , magnos exhibent honores ; mor-
tuis verò vel templa vel monumenta exstruunt
amplissima , eosque sepelire vel contingere mâ-
ximæ fortunæ ducunt loco. Audivimus hæc dicta
& dicenda per interpretem à Mureclo nostro.
Insuper sanctum illum , quem eo loci vidimus ,
publicitus apprimè commendari , eum esse ho-
minem sanctum , divinum ac integritate præ-
cipuum , eo quod nec fæminarum unquam esset
nec puerorum , sed tantummodò asellarum con-
cubitor atque mularum. On peut voir encore
au sujet de cette espece de Saints si fort res-
pectés par les Turcs , ce qu'en a dit Pietro
della Valle , dans une Lettre du 25 Janv. 1616.
    * Faites rougir ces Dieux qui vous ont con-
damnée. Rac. Iph. act. 4. scen. 4.

I. Partie.   F

son cœur, comme des tyrans odieux &
méchans : mais c'est ce que sa Religion lui défend expressément de penser:
» les Dieux ne se contentent pas d'en-
» cens, lui crie-t'elle ; il faut que l'e-
» stime accompagne l'hommage. » Le
voilà donc forcé d'aimer & d'admirer
des Etres qui lui paroissent injustes,
de respecter leurs commandemens, d'ac-
complir en aveugle les crimes qu'ils
ordonnent, & par conséquent de prendre
pour saint & pour bon , ce qui est
en soi horrible & détestable.

Si Jupiter est le Dieu qu'on adore,
& si son histoire le représente d'un
tempérament amoureux & se livrant sans
pudeur à toute l'étendue de ses desirs,
il est constant qu'en prenant ce récit
à la lettre, son adorateur doit regarder
l'impudicité comme une Vertu *. Si la

* Exprimer les sentimens & les mœurs d'un

superstition éleve sur des autels un Etre

Peuple dans sa conduite ordinare & familiére, c'est le propre de la Comédie ; & dans
Terence sur-tout. Or voici ce que ce Poëte
fait dire à un jeune Libertin qui se sert de
l'exemple de ses Dieux pour justifier une vile
métamorphose, & s'encourager à une action
infâme.

> *. . . Dum apparatur, virgo in conclavi sedet.*
>
> *Suspectans tabulam quandam pictam, ubi ine-*
>   *rat pictura hæc ; Jovem*
>
> *Quo pacto Danaæ misisse, aiunt, quondam in*
>   *gremium imbrem aureum.*
>
> *Ego met quoque id spectare cæpi, & quia consi-*
>   *milem luserat*
>
> *Jam olim ille ludum, impendio magis ani-*
>   *mum gaudebat mihi,*
>
> *Deum sese in hominem convertisse, atque per*
>   *alienas tegulas*
>
> *Venisse clanculùm per impluvium, fucum fac-*
>   *tum mulieri.*
>
> *At quem Deum ! qui templa Cæli summa so-*
>   *nitu concutit ;*
>
> *Ego homuncio hoc non facerem ? ego verò illud*
>   *feci & lubens.*
>
>   Terent. Eun. act. 3. scen. 5.

Et Petrone l'Auteur de son tems qui connoissoit le mieux les hommes, & qui en a peint

vindicatif, colère, rancunier, sophiste, lançant ses foudres au hazard, & punissant quand il est offensé, d'autres que ceux qui lui ont fait injure : si pour finir son caractère, il aime la supercherie ; s'il encourage les hommes au parjure & à la trahison ; & si par une injuste prédilection, il comble de ses biens un petit nombre de favoris, je ne doute point qu'à l'aide des Ministres & des Poëtes, le Peuple ne respecte incessamment toutes ces imperfections, & ne prenne d'heureuses dispositions à la vengeance, à la haine, à la fourberie, au caprice & à la partialité : car il est aisé

le plus vivement les mœurs, a dit; *ne bonam quidem mentem aut bonam valetudinem petunt: sed statim, antequam limen Capitolii tangunt, alius donum promittit, si propiquum divitem extulerit ; alius, si ad trecenties H. S. salvus pervenerit. Ipse senatus, recti bonique præceptor, mille pondo auri Capitolio promittere solet; & ne quis dubitet pecuniam concupiscere, Jovem quoque peculio exorat.*

de métamorphofer des vices groffiers en qualités éclatantes, quand on vient à les rencontrer dans un Etre fur lequel on ne léve les yeux qu'avec admiration.

Cependant il faut avouer que, fi le culte eft vuide d'amour, d'eftime & de cordialité ; fi c'eft un pur cérémonial auquel on eft entraîné par la coutume & par l'exemple, par la crainte ou par la violence, l'Adorateur n'eft pas en grand danger d'altérer fes idées naturelles : car fi, tandis qu'il fatisfait aux préceptes de fa Religion ; qu'il s'occupe à fe concilier les faveurs de fa Divinité, en obéiffant à fes ordres prétendus, c'eft l'effroi qui le détermine : s'il confomme à regret un facrifice qu'il détefte au fond de fon ame, comme une action barbare & dénaturée ; ce n'eft pas à fon Dieu dont il entrevoit la méchanceté, qu'il rend hommage ;

c'eſt proprement à l'équité naturelle
dont il reſpecte le ſentiment, dans l'inſtant même de l'infraction. Tel eſt dans
le vrai ſon état ; quelque réſervé qu'il
puiſſe être à prononcer entre ſon cœur
& ſa Religion , & à former un ſyſtême raiſonné ſur la contradiction de
ſes idées avec les préceptes de ſa Loi.
Mais perſévérant dans ſa crédulité &
répétant ſes pieux exercices , ſe familia-
riſe-t'il à la longue avec la méchanceté,
la tyrannie , la rancune , la partialité, la
bizarrerie de ſon Dieu ? il ſe réconciliera
proportionnellement avec les qualités
qu'il abhorroit en lui ; & telle ſera la
force de cet exemple , qu'il en viendra
juſqu'à regarder les actions les plus
cruelles & les plus barbares , je ne dis
pas comme bonnes & juſtes ; mais comme grandes , nobles , divines & dignes
d'être imitées.

Celui qui admet un Dieu vrai, juſte & bon, ſuppoſe une droiture & une injuſtice, un vrai & un faux, une bonté & une malice, indépendans de cet Etre ſuprême, & par leſquels il juge qu'un Dieu doit être vrai, juſtе & bon. Car ſi ſes décrets, ſes actions, ou ſes loix conſtituoient la bonté, la juſtice, & la vérité ; aſſurer de Dieu qu'il eſt vrai, juſte & bon, ce ſeroit ne rien dire : puiſque, ſi cet Etre affir-moit les deux parties d'une propoſition contradictoire, elles ſeroient vrayes l'u-ne & l'autre : ſi ſans raiſon, il condam-noit une Créature à ſouffrir pour le crime d'autrui ; où s'il deſtinoit ſans ſujet & ſans diſtinction, les uns à la peine & les autres aux plaiſirs, tous ces jugemens ſeroient équitables. En con-ſéquence d'une telle ſuppoſition, aſſu-rer qu'une choſe eſt vraye ou fauſſe,

jufte ou inique, bonne ou mauvaife;
c'eft dire des mots, & parler fans s'entendre.

D'où je conclus que rendre un culte
fincére & réel à quelque Etre fuprême
qu'on connoît pour injufte & méchant,
c'eft s'expofer à perdre tout fentiment
d'équité, toute idée de juftice, & toute
notion de vérité. Le zèle doit à la
longue fupplanter la probité, dans celui
qui profeffe de bonne-foi une Religion
dont les préceptes font oppofés aux
principes fondamentaux de la Morale.

Si la méchanceté reconnue d'un Etre
fuprême influe fur fes adorateurs ; fi elle
déprave les affections, confond les idées
de vérité, de juftice, de bonté, & fappe
la diftinction naturelle de la droiture
& de l'injuftice ; rien au contraire n'eft
plus propre à modérer les paffions,
à rectifier les idées & à fortifier l'amour

de la juſtice & de la vérité que la croyance d'un Dieu que ſon hiſtoire repréſente en toute occaſion , comme un modèle de véracité , de juſtice & de bonté. La perſuaſion d'une Providence Divine qui s'étend à tout , & dont l'Univers entier reſſent conſtamment les effets , eſt un puiſſant aiguillon pour nous engager à ſuivre les mêmes principes dans les bornes étroites de notre ſphère. Mais ſi dans notre conduite, nous ne perdons jamais de vue les intérêts généraux de notre eſpece ; ſi le bien public eſt notre bouſſole , il eſt impoſſible que nous errions jamais dans les jugemens que nous porterons de la droiture & de l'injuſtice.

Ainſi , quant au ſecond effet ; la Religion produira beaucoup de mal ou beaucoup de bien , ſelon qu'elle ſera bonne ou mauvaiſe. Il n'en eſt pas de même de l'Athéïfme : il peut à la vérité occafionner la confufion des idées d'injuftice & d'équité ; mais ce n'eft pas en qualité pure & fimple d'Athéïfme : c'eft un mal réfervé aux cultes dépravés, & à toutes ces opinions fantafques concernant la Divinité ; monftrueufe famille qui tire fon origine de la fuperftition , & que la crédulité perpétue.

Section Troisieme.

Troisieme Effet.

Révolter les affections contre le fentiment naturel de droiture & d'injuftice.

Il eft évident que les principes d'intégrité feront des régles de conduite pour la Créature qui les poffede, s'ils ne trouvent aucune oppofition de la part de quelque penchant entiérement tourné à fon intérêt particulier ou de ces paffions brufques & violentes qui fubjuguant tout fentiment d'équité , éclipfent même en elle les idées de fon bien privé & la jettent hors de ces voyes familiéres qui la conduifent au bonheur.

Notre deffein n'eft pas d'examiner ici par quel moyen ce défordre s'introduit & s'accroît ; mais de confidérer feulement quelles influences favorables ou contraires , il reçoit des fentimens divers concernant la Divinité.

Qu'il foit poffible qu'une Créature ait été frappée de la laideur & de la beauté des objets intellectuels & moraux , & conféquemment que la diftinction de la droiture & de l'injuftice lui foit familiére , long-tems avant que d'avoir eu des notions claires & diftinctes de la Divinité ; c'eft une chofe prefque indubitable. * En effet conçoit-on qu'un

* Qu'une fociété d'Hommes n'ait eu ni Dieux , ni Autels , ni même de nom dans fa

Etre tel que l'homme en qui la faculté

langue pour défigner un Etre fuprême ; qu'un
Peuple entier ait croupi dans l'Athéifme long-
tems après avoir été policé ; c'eft ce qui eft
arrivé. " La réalité de l'Athéifme fpéculatif
„ négatif, (dit M. l'Abbé Delachambre dans
„ fon Traité de la véritable Religion Tom. 1.
„ pag. 7.) n'eft ni moins certaine ni moins
„ inconteftable : combien y a-t'il encore de
„ Peuples fur la Terre qui n'ont aucune idée
„ d'une Divinité fouveraine , foit parce qu'ils
„ font ftupides & incapables de tout raifon-
„ nement ; foit parce qu'ils n'ont jamais penfé
„ à réfléchir fur ce point. „ C'eft ce qui eft
arrivé , dis-je , & ce qui ne doit pas extrê-
mement furprendre. Les miracles de la Nature font expofés à nos yeux , long-tems avant
que nous ayons affez de raifon pour en être
éclairés. Si nous arrivions dans ce Monde avec
cette raifon que nous portâmes dans la Salle
de l'Opera , la première fois que nous y en-
trâmes ; & fi la toile fe levoit brufquement ;
frappés de la grandeur , de la magnificence &
du jeu des Décorations , nous n'aurions pas
la force de nous refufer à la connoiffance de
l'Ouvrier éternel qui a préparé le Spectacle :
mais qui s'avife de s'émerveiller de ce qu'il
voit depuis cinquante ans ? Les uns occupés
de leurs befoins n'ont guéres eu le tems de
fe livrer à des fpéculations Métaphyfiques : le
lever de l'Aftre du jour les appelloit au travail : la
plus belle nuit , la nuit la plus touchante étoit
muette pour eux , ou ne leur difoit autre chofe ,
finon qu'il étoit l'heure du repos. Les autres

de penfer & de réfléchir s'étend par des degrés infenfibles & lents, foit, moralement parlant, affez exercée au fortir du berceau pour fentir la juftreffe & la liaifon de ces fpéculations déliées & de ces raifonnemens fubtils & méta-phyfiques fur l'exiftence d'un Dieu.

Mais fuppofons qu'une Créature incapable de penfer & de réfléchir, ait toutefois de bonnes qualités & quelques affections droites ; qu'elle aime fon ef-péce ; qu'elle foit courageufe, reconnoiffante & miféricordieufe ; il eft certain que, dans le même inftant que vous accorderez à cet Automate la

moins occupés, ou n'ont jamais eu l'occafion d'interroger la Nature, ou n'ont pas eu l'efprit d'entendre fa réponfe. Le génie Philofophe dont la fagacité fecouant le joug de l'habitude, s'étonna le premier des prodiges qui l'environnoient, defcendit en lui-même, fe demanda & fe rendit raifon de tout ce qu'il voyoit, a pû fe faire attendre long-tems & mourir fans avoir accrédité fes opinions.

faculté de raisonner, il approuvera ces penchans honnêtes ; qu'il se complaira dans ces affections sociales ; qu'il y trouvera de la douceur & des charmes, & que les passions contraires lui paroîtront odieuses. Or le voilà dès-lors frappé de la différence de la droiture & de l'injustice, & capable de Vertu.

On peut donc supposer qu'une Créature avoit des idées de droiture & d'injustice, & que la connoissance du Vice & de la Vertu la préoccupoit, avant que de posséder des notions claires & distinctes de la Divinité. L'expérience vient encore à l'appui de cette supposition ; car chez les Peuples qui n'ont pas ombre de Religion, ne remarque-t'on pas entre les hommes la même diversité de caractères que dans les contrées éclairées ? Le Vice & la Vertu morale ne les différencient-ils pas entr'eux ? Tandis que les uns font orgueilleux, durs & cruels, & conféquemment enclins à approuver les actes violens & tyranniques ; d'autres font naturellement affables, doux, modeftes, généreux, & dès-lors amis des affections paifibles & fociales.

Pour déterminer maintenant ce que la connoiffance d'un Dieu opére fur les hommes ; il faut fçavoir par quels motifs & fur quel fondement, ils lui portent leurs hommages & fe conforment à fes ordres. C'eft, ou relativement à fa toute-puiffance & dans la fuppofition qu'ils en ont des biens à efpérer & des maux à craindre ; ou relativement à fon excellence, & dans la penfée qu'imiter fa conduite, c'eft le dernier degré de la perfection.

En premier lieu. Si le Dieu qu'on adore n'eft qu'un Etre puiffant fur la

Créature qui ne lui porte son hommage
que par le seul motif d'une crainte servile ou d'une espérance mercénaire :
si les récompenses qu'elle attend , ou
les châtimens qu'elle redoute , la con-
traignent à faire le bien qu'elle haït ou
à s'éloigner du mal qu'elle affectionne ;
nous avons démontré qu'il n'y avoit en
elle , ni Vertu , ni Bonté. Cet adorateur
servile avec une conduite irréprochable
devant les hommes, ne mérite non plus devant Dieu que s'il avoit suivi sans frayeur
la perversité de ses affections. Il n'y a
non plus de piété , de droiture , de sain-
teté dans une Créature ainsi réformée,
que d'innocence & de sobriété dans un
Singe sous le foüet ; que de douceur
& de docilité dans un Tigre enchaîné.
Car quelles que soient les actions de
ces Animaux , ou de l'Homme à leur
place ; tant que l'affection sera la même ;

que

que le cœur fera rebelle ; que la crainte dominera & inclinera la volonté ; l'obéissance & tout ce que la frayeur produira, fera bas & servile. Plus prompte fera l'obéissance, plus profonde la soumission ; plus il y aura de bassesse & de lâcheté, quel que soit leur objet. Que le Maître soit mauvais ou bon ? qu'importe, si l'Esclave est toujours le même. Je dis plus : si l'Esclave n'obéit que par une crainte hypocrite à un Maître plein de bonté ; sa nature n'en est que plus méchante & son service que plus vil. Cette disposition habituelle décele un attachement souverain à ses propres intérêts & une entiere dépravation dans le caractère.

En second lieu. Si le Dieu d'un Peuple est un Etre excellent & qui soit adoré comme tel ; si, faisant abstraction de sa puissance, c'est particuliérement à sa bonté que l'on rend hommage ; si l'on remarque dans le caractère que ses Ministres lui donnent, & dans les histoires qu'ils en racontent, une prédilection pour la Vertu, & une affection générale pour tous les Etres : certes, un si beau modèle ne peut manquer d'encourager au bien & de fortifier l'amour de la Justice, contre les affections ennemies.

Mais une autre motif se joint encore à la force de l'exemple pour produire ce grand effet. Un Théiste parfait est fortement persuadé de la prééminence d'un Etre tout-puissant, spectateur de la conduite humaine & témoin oculaire de tout ce qui se passe dans l'Univers. Dans la retraite la plus obscure, dans la solitude la plus profonde, son Dieu le voit. Il agit donc en la présence d'un Etre plus respectable pour lui mille fois que l'assemblée du monde

la plus augufte. Quelle honte n'auroit-
il pas de commettre une action odieufe
en cette compagnie ? quelle fatisfaction,
au contraire, d'avoir pratiqué la Vertu
en préfence de fon Dieu ; quand même
déchiré par des langues calomnieufes, il
feroit devenu l'opprobre & le rebut de
la fociété. Le Théifme favorife donc
la Vertu ; & l'Athéifme privé d'un fi
grand fecours eft en cela défectueux.

Confidérons à-prefent ce que la crainte
des peines à venir & l'efpoir des biens
futurs occafionneroient dans la même
croyance, relativement à la Vertu. D'a-
bord il eft aifé d'inférer de ce que nous
avons dit ci-devant, que cet efpoir
& cet effroi ne font pas du genre des
affections libérales & généreufes, ni
de la nature de ces mouvemens qui
complétent le mérite moral des actions.
Si ces motifs ont une influence pré-

dominante dans la conduite d'une Créature que l'amour défintéreffé devroit principalement diriger ; la conduite eft fervile & la Créature n'eft pas encore vertueufe.

Ajoutez à ceci une réflexion particuliére ; c'eft que dans toute hypothèfe de Religion où l'efpoir & la crainte font admis comme motifs principaux & premiers de nos actions ; l'intérêt particulier qui naturellement n'eft en nous que trop vif, n'a rien qui le tempére & qui le reftreigne ; & doit par conféquent fe fortifier chaque jour par l'exercice des paffions, dans des matiéres de cette importance. Il y a donc à craindre que cette affection fervile ne triomphe à la longue & n'exerce fon empire dans toutes les conjonctures de la vie ; qu'une attention habituelle à un intérêt particulier ne diminue d'autant plus l'amour du bien général, que cet intérêt particulier sera grand ; enfin que le cœur & l'esprit ne viennent à se rétrécir ; défaut, à ce qu'on dit en morale, remarquable dans les *zélés* de toute Religion *

Quoi qu'il en soit, il faut convenir, que si la vraie piété consiste à aimer Dieu par rapport à lui-même ; une attention inquiete à des intérêts privés, doit en quelque sorte la dégrader. Aimer Dieu seulement comme la cause de son bonheur particulier ; c'est avoir pour lui l'affection du méchant pour le vil instrument de ses plaisirs. D'ailleurs plus le dévouement à l'intérêt privé occupe de place ; moins il en laisse à l'amour du bien général ou de tout autre objet digne par lui-même de notre admiration & de notre estime ; tel en un mot que le Dieu des personnes éclairées.

* Voilà ce qui constitue proprement la Bigotterie : car la vraie Piété, qualité presque essentielle à l'héroïsme, étend le cœur & l'esprit.

C'eſt ainſi qu'un amour exceſſif de la vie peut nuire à la Vertu, affoiblir l'amour du bien public & ruiner la vraie piété ; car plus cette affection ſera grande ; moins la Créature ſera capable de ſe réſigner ſincérement aux ordres de la Divinité : & ſi par hazard l'eſpoir des récompenſes à venir étoient, à l'excluſion de tout amour, le ſeul motif de ſa réſignation ; ſi cette penſée excluoit abſolument en elle tout ſentiment libéral & déſintéreſſé ; ce ſeroit un vrai marché qui n'indiqueroit ni Vertu ni Mérite, & dont voici, à proprement parler, la cédule : « Je réſigne » à Dieu ma vie & mes plaiſirs pré-» ſens, à condition d'en recevoir en » échange une vie & des plaiſirs futurs qui valent infiniment mieux.

Quoique la violence des affections privées puiſſe préjudicier à la Vertu ;

j'avouerai toutefois qu'il y a des conjonctures dans lesquelles la crainte des
châtimens & l'espoir des récompenses
lui servent d'appui , toutes mercénaires
qu'elles soient.

Les passions violentes , telles que la
colere , la haine , la luxure & d'autres
peuvent, comme nous l'avons déja remarqué , ébranler l'amour le plus vif
du bien public , & déraciner les idées
les plus profondes de Vertu. Mais si
l'esprit n'avoit aucune digue à leur op-
poser , elles produiroient infailliblement
ce ravage & le meilleur caractère se
dépraveroit à la longue. La Religion
y pourvoit : elle crie incessamment que
ces affections & toutes les actions qu'elles produisent , sont maudites & déte-
stables aux yeux de Dieu : sa voix con-
sterne le Vice , & rassure la Vertu : le
calme renaît dans l'esprit : il apperçoit

le danger qu'il a couru , & s'attache plus fortement que jamais aux principes qu'il étoit fur le point d'abandonner.

La crainte des peines & l'efpoir des récompenfes font encore propres à raffermir celui que le partage des affections fait chanceler dans la Vertu. Je dis plus. Quand une fois l'efprit eft imbu d'idées fauffes , & lorfque la Créature entêtée d'opinions abfurdes fe roidit contre le vrai , méconnoît le bon , porte fon eftime & donne la préférence au vice ; fans la crainte des peines & l'efpoir des récompenfes , il n'y a plus de retour.

Imaginez un homme qui ait quelque bonté naturelle & de la droiture dans le caractère ; mais né avec un tempérament lâche & mol qui le rende incapable de faire face à l'adverfité , & de braver la mifére. Vient-il par malheur à fubir ces épreuves ? le chagrin s'empare de son esprit ; tout l'afflige ; il s'irrite ; il s'emporte contre ce qu'il imagine être la cause de son infortune. Dans cet état s'il s'offre à sa pensée ; ou si des amis corrompus lui suggerent que sa probité est la source de ses peines , & que pour se reconcilier avec la fortune , il n'a qu'à rompre avec la Vertu : il est certain que l'estime qu'il porte à cette qualité , s'affoiblira à mesure que le trouble & les aigreurs augmenteront dans son esprit ; & qu'elle s'éclipsera bien-tôt , si la considération des biens futurs dont la Vertu lui promet la jouissance , en dédommagement de ceux qu'il regrette , ne le soutient contre les pensées funestes qui lui viennent ou les mauvais avis qu'il reçoit , ne suspend la dépravation imminente de son caractère , & ne le fixe dans ses premiers principes.

Si par de faux jugemens on a pris quelques Vices en affection, & les Vertus contraires en dédain. Si, par exemple, on regarde le pardon des injures comme une baffeffe, & la vengeance comme un acte héroïque ; on préviendroit peut-être les fuites de cette erreur, en confidérant que la douceur porte avec elle fa récompenfe , dans la tranquillité & les autres avantages qu'elle procure, & que la rancune détruit. C'eft par cet utile artifice que la modeftie, la candeur, la fobriété & d'autres Vertus, quelquefois meprifées, pourroient rentrer dans l'eftime , & les paffions oppofées dans le mépris, qui leur font dûs ; & qu'on parviendroit avec le tems à pratiquer les unes & à détefter les autres, fans le moindre égard pour les plaifirs ou pour les peines qui les accompagnent.

C'eft par ces raifons que rien n'eft

plus avantageux dans un état qu'une administration vertueuse & qu'une équitable distribution des punitions & des récompenses. C'est un mur d'airain contre lequel se brisent presque toujours les complots des méchans : c'est une digue qui tourne leurs efforts au bien de la société ; c'est plus que tout cela : c'est un moyen sûr d'attacher les hommes à la Vertu, en attachant à la Vertu leur intérêt particulier ; d'écarter tous les préjugés qui les en éloignent ; de lui préparer dans leurs cœurs un accueil favorable, & de les mettre par une pratique constante du bien, dans un sentier dont on ne les détourneroit pas sans peine. S'il arrivoit qu'un peuple arraché au despotisme & à la barbarie, policé par des loix, & devenu vertueux dans le cours d'une administration équitable, retombât brusquement sous un gouvernement arbitraire, tel que celui des Peuples Orientaux ; sa Vertu s'irritant dans les fers, il n'en sera que plus prompt à les secouer & que plus propre à les rompre. Si toutefois la tyrannie & ses artifices viennent à prévaloir, & si ce peuple perd toute liberté avant qu'une injuste distribution des récompenses & des châtimens lui ait ôté le sentiment de cette injure ; avant que l'habitude l'ait fait à sa chaîne, les semences dispersées de sa Vertu premiere pousseront des racines qu'on distinguera jusques dans les générations suivantes.

Mais quoique la distribution équitable des récompenses & des punitions soit dans un gouvernement, une cause essentielle de la Vertu d'un Peuple ; nous remarquerons que l'exemple plus efficace encore décide ses inclinations * & forme

* Tous les Moralistes ne sont pas de cet avis ;

fon caractère. Si le Magiftrat n'eft pas vertueux , la meilleure adminiftration produira peu de chofe : au contraire les Sujets aimeront & refpecteront les Loix, s'ils font une fois perfuadés de la Vertu de celui qui les juge.

Mais pour en revenir aux récompenfes & aux châtimens : c'eft moins l'attrait ou l'effroi qui fait leur avantage dans la fociété ; que l'eftime de la Vertu & la haine du Vice que ces expreffions

« telle eft, dit un d'entr'eux dans fon projet pour
„ l'avancement de la Religion , la perverfité des
„ hommes que le feul exemple d'un Prince vi-
„ cieux entraînera bientôt la maffe générale de
„ fes Sujets, & que la conduite exemplaire d'un
„ Monarque vertueux n'eft pas capable de les ré-
„ former , fi elle n'eft foutenue d'autres expé-
„ diens. Il faut donc que le Souverain , en exer-
„ çant avec vigueur l'autorité que les Loix &
„ fon Sceptre lui donnent , faffe enforte qu'il
„ foit de l'intérêt de chacun de s'attacher à la
„ Vertu , en privant les vicieux de toute efpé-
„ rance d'avancement « ; il eft clair que ce fça-
vant Auteur donne la préference aux avantages d'une bonne adminiftration fur ceux d'un
bon exemple.

publiques de l'approbation ou de la cen-
sure du genre humain réveillent dans
l'honnête-Homme & dans le Scélérat. En
effet dans les Exécutions, on voit affez
communément que la honte du crime &
l'infâmie du supplice font presque toute
la peine des Criminels. Ce n'est pas
tant la mort qui cause l'horreur du
Patient & des Spectateurs, que la po-
tence ou la rouë qui le déclare infracteur des Loix de la Justice & de l'humanité.

Dans les familles, l'effet des récompenses & des châtimens est le même
que dans la société. Un Maître sevère,
le fouet à la main, rendra sans doute
son Esclave ou son Mercénaire attentif
à ses devoirs ; mais il n'en sera pas
meilleur. Cependant le même homme,
revêtu d'un caractère plus doux, avec
de foibles récompenses & des corrections

légeres , formera des enfans vertueux.
A l'aide , tantôt de ses menaces , tantôt
de ses caresses , il leur inculquera des principes qu'ils suivront bientôt sans égard
pour la récompense qui les encourageoit,
ou pour la verge qui les effrayoit. Et
c'est là ce que nous appellons une éducation honnête & libérale. Tout autre
culte rendu à Dieu , tout autre service
rendu à l'homme , est vil , & ne mérite
aucun éloge.

Dans la Religion , si les récompenses
qu'elle promet sont libérales ; si le bonheur futur consiste dans la jouissance d'un
plaisir vertueux , tel, par exemple , que
la pratique ou la contemplation de la
Vertu même , dans une autre vie :
(c'est le cas du Christianisme *) ; il est
évident que le désir de cet état ne peut

* On peut conclure de cette réflexion que
le Christianisme a peut-être été le seul culte

naître que d'un grand amour de la Vertu, & conserve par conséquent toute la dignité de son origine. Car ce désir n'est point un sentiment intéressé : l'amour de la Vertu n'est jamais un penchant vil & sordide ; le désir de la vie par amour de la Vertu ne peut donc passer pour tel. Mais si ce désir d'une autre vie naissoit de l'horreur ou de la mort ou de l'anéantissement ; s'il étoit occasionné par quelqu'affection vicieuse , ou par un attachement à des choses étrangeres à la Vertu ; il ne seroit plus vertueux.

établi dans le monde , qui ait proposé aux hommes des récompenses à venir dignes d'eux. Le Juif content du bonheur temporel ne connoissoit guérés d'autres espérances. L'Egyptien se promettoit à force de bien vivre , de devenir un jour Eléphant blanc. Le Payen comptoit se promener dans les Champs Elizées , boire le Nectar & se repaître d'Ambroisie. Le Mahométan privé de Vin par sa Loi & voluptueux par tempérament , espere s'enyvrer éternellement entre des Houris grises , rouges, vertes & blanches. Mais le Chrétien jouira de son Dieu.

Si

Si donc une Créature raisonnable, sans égard pour la Vertu, aime la vie par rapport à la vie même ; peut-être sera-t'elle pour la conserver, ou par horreur de la mort, quelque action de virilité : peut-être en s'efforçant de mépriser les objets de sa crainte, tendra-t'elle à la perfection ; mais cet effort n'est pas encore une Vertu. Cette Créature est tout au plus dans les avenues, sur la route : après s'être embarquée par pur intérêt, la bassesse avouée du motif ne la met point au port : en un mot elle ne sera vertueuse que quand ses efforts feront germer en elle quelqu'affection pour la bonté morale considérée comme telle, & sans égard à ses intérêts.

Tels sont les avantages & les désavantages qui reviennent à la Vertu, de ses liaisons avec les intérêts privés de la Créature. Car quoique la multiplicité

des vûes intéreſſées ſoit peu propre à
donner du relief aux actions; l'homme
n'en ſera que plus ferme dans la Vertu,
s'il eſt une fois convaincu qu'elle ne
croiſe jamais ſes vrais intérêts.

Celui donc qui par un mûr examen
& de ſolides réflexions, s'eſt aſſuré qu'on
n'eſt heureux dans ce Monde qu'autant
qu'on eſt vertueux & que le vice ne
peut-être que miſérable , a mis ſa vertu
dans un abri louable & néceſſaire. Sans
chercher dans l'intégrité morale des
commodités relatives à ſon état preſent,
à ſa conſtitution , ou à d'autres circonſtances pareilles ; s'il eſt perſuadé qu'une
puiſſance ſupérieure & toujours attenti-
ve au train du monde prête un ſecours
immédiat à l'honnête-homme contre les
attentats du méchant ; il ne perdra jamais
rien de l'eſtime qu'il doit à la Vertu ;
eſtime qui s'affoibliroit peut-être en lui,

fans cette croyance. Mais fi , peu convaincu d'une affiftance actuelle de la
Providence, il eft dans une attente ferme
& conftante des récompenfes à venir ;
fa vertu trouvera le même appui dans
cette hypothèfe.

Remarquez cependant que dans un
fyftême où l'on feroit fonner fi haut ces
récompenfes infinies , les cœurs en pourroient tellement être affectés qu'ils né-
gligeroient & peut-être oublieroient à
la longue les motifs défintéreffés de pratiquer la Vertu. D'ailleurs cette merveil-
leufe attente des biens ineffables d'une
autre vie , doit conféquemment déprimer la valeur & rallentir la pourfuite
des chofes paffagéres de celle-ci. Une
Créature poffédée d'un intérêt fi particulier & fi grand , pourroit compter
le refte pour rien , & toute occupée de
fon falut éternel traiter quelquefois com-

me des diſtractions mépriſables, & des affections viles, terreſtres & momentanées, les douceurs de l'amitié, les loix du ſang & les devoirs de l'humanité. Une imagination frappée de la ſorte décriera peut-être les avantages temporels de la bonté & les récompenſes naturelles de la Vertu ; élévera juſqu'aux nuës la félicité des méchans & déclarera dans les accès d'un zèle inconſidéré que « ſans l'attente des biens futurs » & ſans la crainte des peines éternel » les, elle renonceroit à la probité pour » ſe livrer entiérement à la débauche, » au crime & à la dépravation. » Ce qui démontre que rien en quelque façon ne ſeroit plus fatal à la Vertu qu'une croyance incertaine & vague des récompenſes & des châtimens à venir. Car ſi ce fondement ſur lequel on auroit appuyé tout l'édifice*

* J'ai connu un Architecte qui étaya ſi

moral , vient une fois à manquer ; je vois la Vertu chanceler , refter fans appui & prête à s'écrouler.

Quant à l'Athéifme , le décri des avantages de la Vertu n'eft pas une conféquence directe de cette hypothèfe *. Pour être convaincu qu'il y a du profit

fortement un Bâtiment qui menaçoit ruine d'un côté , qu'il en fut renverfé de l'autre. Le même accident eft prefque arrivé en morale. On ne s'eft pas contenté de relever les avantages de la Vertu & de l'honnêteté ; on s'eft méfié de ces appuis & on y en a ajouté d'autres d'une façon à culbuter l'édifice. On a tant exalté les récompenfes qui l'attendoient , que les hommes ont été expofés à n'avoir pas d'autres raifons d'être vertueux. Toutefois , fi ce fentiment vient à exclure les motifs plus relevés , tout mérite femble s'anéantir dans la Créature qu'il dirige.

* L'Athéifme laiffe la probité fans appui. Il fait pis , il pouffe indirectement à la dépravation. Cependant Hobbs étoit bon citoyen, bon parent , bon ami & ne croyoit point en Dieu. Les hommes ne font pas conféquens : on offenfe un Dieu dont on admet l'exiftence : on nie l'exiftence d'un Dieu dont on a bien mérité ; & s'il y avoit à s'étonner , ce ne feroit pas d'un Athée qui vit bien , mais d'un Chrétien qui vit mal.

H iij

à être vertueux, il n'est pas nécessaire de croire en Dieu. Mais le préjugé contraire une fois contracté ; le mal est sans reméde, & il faut convenir qu'indirectement l'Athéisme y conduit.

Il est presqu'impossible de faire grand cas des avantages presens de la Vertu, sans concevoir une haute idée de la satisfaction qui naît de l'estime & de la bienveillance du genre - humain. Mais pour connoître tout le prix de cette satisfaction, il faut l'avoir éprouvée. C'est donc sur la possession ravissante de l'affection généreuse des hommes, & sur la connoissance de l'énergie de ce plaisir, que sont fondés ceux qui placent le bonheur actuel dans la pratique des Vertus. Mais supposer qu'il n'y a ni bonté ni charmes dans la nature ; que cet Etre suprême qui nous prescrit la bienveillance pour nos semblables , par les témoignages journaliers que nous recevons de la sienne , est un Etre chimérique ; ce n'est pas le moyen d'aiguiser les affections sociales & d'acquérir l'amour désintéressé de la Vertu. Au contraire , un tel système tend à confondre les idées de laideur & de beauté , & à supprimer ce tribut habituel d'admiration que nous rendons au dessein , aux proportions , & à l'harmonie qui régnent dans l'ordre des choses. Car que peut offrir l'Univers de grand & d'admirable à celui qui regarde l'Univers même , comme un modèle de désordre ? Celui pour qui le Tout dénué de perfections , n'est qu'une vaste difformité , remarquera-t'il quelque beauté dans les parties subordonnées ?

Cependant quoi de plus affligeant que de penser que l'on existe dans un éternel cahos ? qu'on fait partie d'une machine détraquée dont on a mille défaftres à craindre , & où l'on n'apperçoit rien de bon , rien de fatisfaifant , rien qui n'excite le mépris , la haine & le dégoût. Ces idées fombres & mélancoliques doivent influer fur le caractère , affecter les inclinations fociales , mettre de l'aigreur dans le tempérament, affoiblir l'amour de la juftice & fapper à la longue les principes de la Vertu.

Il n'en eft pas de même de celui qui adore un Dieu ; mais un Dieu qui ne foit pas vainement honoré du titre de bon , qui le foit en effet ; un Dieu dont l'hiftoire offre à chaque page des marques de douceur & de bonté. Un tel homme admet conféquemment des récompenfes & des châtimens à venir : il eft perfuadé de plus que les récompenfes font deftinées au Mérite & à la Vertu, & les châtimens au vice & à la méchanceté, fans que des qualités étrangeres à celles-là, où des circonftances imprévues puiffent tromper fon attente ; autrement perdant de vûe les notions de châtiment & de récompenfe, il n'admettroit qu'une diftribution capricieufe de biens & de maux, & tout fon fyftême fur l'autre monde, ne feroit dans celui-ci d'aucun avantage pour fa Vertu. A l'aide de ces hypothèfes, il pourroit conferver fon intégrité dans les plus critiques circonftances de la vie ; eût-il été jetté par des événemens finguliers, ou des raifonnemens fophifti-ques dans l'opinion malheureufe qu'il faut renoncer à fon bonheur, pour travailler à fon falut.

Toutefois ce préjugé contraire à la Vertu me paroît incompatible avec un

Théifme épuré * quoi qu'il en foit de l'autre vie, ou des récompenfes & des

* Si dès ce Monde la Vertu porte avec elle fa récompenfe & le Vice, fon châtiment ; quel motif d'efpérance pour le Théifte ? N'aura-t'il pas raifon de croire que l'Etre fuprême qui exerce dans cette vie, une juftice diftributive entre les bons & les méchans, n'abandonnera pas cette voye confolante dans l'autre ? Ne pourra-t'il pas regarder les biens paffagers dont il jouit comme des arrhes du bonheur éternel qui l'attend ? Car fi la Vertu a des avantages actuels, toutefois il en coute pour être vertueux : fi l'état de l'honnête-homme ici bas n'eft pas déplorable, il s'en faut bien que fa félicité foit complette : il lui refte toujours des defirs ; & ces defirs, preuves inconteftables de l'infuffifance de fa récompenfe actuelle, ne confpirent-t'ils pas avec la révélation qu'il eft prêt d'admettre, pour l'affurer d'une vie à venir. Mais fi l'on fuppofoit au contraire que l'honnête-homme ne peut être que malheureux en ce Monde & que la félicité temporelle eft incompatible avec la Vertu ; l'œconomie finguliére qui régneroit dans l'Univers, ne le porteroit-elle pas à fe méfier de l'ordre qui régnera dans l'autre vie ? Décrier la Vertu, n'eft-ce donc pas prêter main-forte à l'Athéifme ? Amplifier les défordres apparens dans la Nature, n'eft-ce pas ébranler l'exiftence d'un Dieu, fans fortifier la croyance d'une vie à venir ? Un fait vrai, c'eft que ceux qui ont la meilleure opinion des avantages de la

châtimens à venir ; celui qui , comme un bon Théiste , admet un Etre souve-rain dans la nature , une intelligence qui gouverne tout avec sagesse & bonté , peut-il imaginer qu'elle ait attaché son malheur en ce monde à des pratiques qui lui sont ordonnées ? supposer que la Vertu soit un des maux naturels de la Créature & que le Vice fasse con-stamment son bien-être ; n'est-ce pas ac-cuser l'ordonnance de l'Univers & la con-stitution générale des choses, d'un défaut essentiel & d'une grossiére imperfection ?

Il me reste à considérer un nouvel avantage que le Théisme fournit à la Créature pour être vertueuse , à l'ex-

Vertu dans ce Monde, ne sont pas les moins fermes dans l'attente de l'autre. Une propo-sition vrai-semblable, c'est qu'il est aussi natu-rel aux Défenseurs de la Vertu d'assurer l'im-mortalité de l'Ame qu'ils ont raison de sou-haiter, qu'aux Partisans du Vice de com-battre ce sentiment dont ils ont lieu de craindre la vérité.

clusion de l'Athéisme. Le premier coup d'œil ne sera peut-être pas favorable à la réflexion qui suit : je crains qu'on ne la prenne pour une vaine subtilité, & qu'on ne la rejette comme un rafinement de Philosophie. Si toutefois elle peut avoir quelque poids , c'est à la suite de ce que nous venons de dire.

Toute Créature , comme nous l'avons prouvé , a naturellement quelques degrés de malice qui lui viennent d'une aversion ou d'un penchant qui ne sera pas au ton de son intérêt privé ou du bien général de son espece. Qu'un Etre pensant ait la mesure d'aversion nécessaire pour l'allarmer à l'approche d'une calamité , ou pour l'armer dans un péril imminent ; jusques-là il n'y a rien à dire, tout est dans l'ordre. Mais si l'aversion continue , après que le malheur est arrivé ; si la passion augmente , lorsque le mal est fait ; si la Créature furieuse du coup qu'elle a reçu, se récrie contre le sort, s'emporte & déteste sa condition ; il faut avouer que cet emportement est vicieux dans sa nature & dans ses suites ; car il déprave le tempérament en le tournant à la colere, & trouble dans l'accès cette œconomie tranquille des affections, si convenable à la Vertu : mais avouer que cet emportement est vicieux, c'est reconnoître que dans les mêmes conjonctures, une patience muette & qu'une modeste fermeté seroient des Vertus. Or, dans l'hypothèse de ceux qui nient l'existence d'un Etre suprême, il est certain que la nécessité prétendue des causes ne doit amener aucun Phénomene qui mérite leur haine ou leur amour, leur horreur ou leur admiration. Mais comme les plus belles réflexions du monde sur le caprice du hazard ou fur le mouvement fortuit des Atomes n'ont rien de confolant ; il eft difficile que dans des circonftances fâcheufes , que dans des tems durs & malheureux ., l'Athée n'entre en mauvaife humeur & ne fe déchaîne contre un arrangement fi déteftable & fi malfaifant. Mais le Théifte eft perfuadé que « quelqu'effet que l'ordre qui » régne dans l'Univers , ait produit ; il » ne peut être que bon ». Cela fuffit. Le voilà prêt à regarder fans horreur les plus affreufes calamités & à fupporter fans murmure ces événemens qui ne femblent être faits que pour rendre à toute Créature fenfible & raifonnable, fa condition incommode & fon exiftence odieufe. Ce n'eft pas tout. Son fyftême peut le conduire à une réconciliation plus entiere : il chérira fon état actuel ; car qui l'empêche , en étendant fes idées, de fortir de fon efpece & de regarder le fléau qui l'afflige, comme le bonheur d'une Patrie moins étroite dont il eft membre, & dont il doit aimer les avantages en Citoyen généreux & fidelle.

Ce tour d'affection doit produire la plus héroïque conftance qu'un homme puiffe montrer dans un état de fouffrance, & le réfoudre de la façon la plus généreufe aux entreprifes que l'honneur & la Vertu peuvent exiger. A travers ce Télefcope on apperçoit les accidents particuliers, les injuftices & les méchancetés dans un jour qui difpofe à les tolérer & à conferver dans le cours de la vie toute l'égalité poffible. Ce tour d'affection & ce Télefcope moral font donc vraiment excellens, & la Créature qui les poffede eft bonne & vertueufe par excellence. Car tout ce qui tend à attacher la Créature à son rôle dans la société & à l'animer d'un zèle plus qu'ordinaire pour le bien général de son espece, est sans contredit en elle le germe d'une Vertu peu commune.

Un fait constant, c'est que par une espece de sympathie le sentiment & l'amour de l'harmonie, des proportions & de l'ordre, en quelque genre que ce puisse être, redresse le tempérament, fortifie les affections sociales, & soutient la Vertu qui n'est elle-même qu'un amour de l'ordre, des proportions & de l'harmonie dans les mœurs & dans la conduite. Dans les sujets les plus frivoles, l'ordre frappe & se fait approuver : mais si c'est une fois l'ordre & la beauté de l'Univers qui soient les objets de notre admiration & de notre amour ; nos affections partageront la

grandeur

grandeur & la magnificence du fujet,
& l'*élégante* fenfibilité pour le beau,
difpofition fi favorable à la Vertu, nous
conduira jufqu'à l'extafe. * En effet,
tandis qu'un peu d'harmonie & quelques proportions remarquées dans les
productions des fciences ou des arts,
tranfportent d'admiration les maîtres &
les connoiffeurs, feroit-il poffible de

---

* *Eft enim animorum ingeniorumque naturale
quoddam quaſi pabulum confideratio, contem-
platioque naturæ. Erigimur, elatiores fieri vi-
demur, humana defpicimus ; cogitantefque
fupera atque cœleſtia, hæc noſtra ut exigua &
minima, contemnimus. Indagatio ipfa rerum
tum maximarum tum occultiſſimarum habet de-
lectationem. Si verò aliquid occurrat, quod
veriſimile videatur, humaniſſimâ completur animus voluptate.* A mefure que l'Univers s'é-
tend aux yeux d'un Philofophe, tout ce qui
l'environne fe rappetiffe. La Terre s'évanouit
fous fes pieds. Lui-même que devient-il ?
Cependant il reffent un doux frémiffement
dans cette contemplation qui l'anéantit ; après
s'être vû noyé, pour ainfi dire, & perdu dans
l'immenfité des Etres, il éprouve une fatisfaction fecrette à fe retrouver fous les yeux de
la Divinité,

I. Partie.   I

contempler un Chef-d'œuvre divin, ſans éprouver le raviſſement. Donc

Le Théiſme fût-il traité comme une fauſſe hypothèſe, l'ordre de l'Univers fût-il un chimere ; la belle paſſion pour la Nature n'en ſeroit pas moins favorable à la Vertu. Mais s'il eſt raiſonnable de croire en Dieu ; ſi la beauté de l'Univers eſt réelle ; l'admiration devient juſte, naturelle & néceſſaire dans toute Créature reconnoiſſante & ſenſible.

Preſentement, il eſt facile de déterminer l'analogie de la Vertu à la Piété. Celle-ci eſt proprement le complément de l'autre : où la piété manque ; la fermeté, la douceur, l'égalité d'eſprit, l'œconomie des affections & la Vertu ſont imparfaites.

On ne peut donc atteindre à la perfection morale, arriver au ſuprême dégré de la Vertu, ſans la connoiſſance du vrai Dieu.

ESSAI
SUR LE MÉRITE
ET LA VERTU.

L. Durand. Jn. del

ESSAI
SUR LE
MERITE ET LA VERTU

LIVRE SECOND.

PARTIE PREMIERE.

SECTION PREMIERE.

NOus avons déterminé ce que c'est
que la Vertu morale & quelle est
la Créature qu'on peut appeller moralement vertueuse. Il nous reste à chercher

I iij

quels motifs & quel intérêt nous avons à mériter ce titre.

Nous avons découvert que celui-là seul mérite le nom de Vertueux dont toutes les affections, tous les penchans, en un mot toutes les dispositions d'esprit & de cœur, sont conformes au bien général de son espece, c'est-à dire, du systême de Créatures dans lequel la Nature l'a placé & dont il fait partie.

Que cette œconomie des affections, ce juste tempérament entre les passions, cette conformité des penchans au bien général & particulier, constituoient la droiture, l'intégrité, la justice & la bonté naturelle.

Et que la corruption, le vice & la dépravation, naissoient du désordre des affections, & consistoient dans un état précisément contraire au précédent.

Nous avons démontré que les affe-

&ctions d'une Créature quelconque avoient
un rapport conſtant & déterminé avec
l'intérêt général de ſon eſpece. C'eſt
une vérité que nous avons fait toucher
au doigt , quant aux inclinations ſociales
telles que la tendreſſe paternelle , le
penchant à la propagation , l'éducation
des enfans , l'amour de la compagnie ,
la reconnoiſſance , la compaſſion , la
conſpiration mutuelle dans les dangers ,
& leurs ſemblables. De ſorte qu'il faut
convenir qu'il eſt auſſi naturel à la Créature de travailler au bien général de
ſon eſpece , qu'à une plante de porter
ſon fruit , & à un organe ou à quelqu'autre partie de notre corps de prendre l'étendue & la conformation qui
conviennent à la Machine entiére ; * &

* On pourroit ajouter à cela que , nous
ſommes , chacun , dans la Société , ce qu'eſt
une partie relativement à un Tout organiſé.
La meſure du tems eſt la propriété eſſentielle

qu'il n'eſt pas plus naturel à l'eſtomac de digérer, aux poumons de reſpirer, aux glandes de filtrer & aux autres viſcéres de remplir leurs fonctions; quoique toutes ces parties puiſſent être troublées dans leurs opérations, par des obſtructions & d'autres accidens.

Mais en diſtribuant les affections de la Créature, en inclinations favorables au bien général de ſon eſpece, & en penchans dirigés à ſes intérêts particuliers, on en conclura que ſouvent elle ſe trouvera dans le cas de croiſer & de contredire les unes pour favoriſer &

d'une Montre : le bonheur des particuliers eſt la fin principale de la Société. Ces effets, ou ne ſe produiront point, ou ne ſe produiront qu'imparfaitement, ſans une conſpiration mutuelle des parties dans la Montre & des membres dans la Société. Si quelque roue ſe dérange la meſure du tems ſera ſuſpendue, ou troublée. Si quelque particulier occupe une place qui n'étoit point faite pour lui ; le bien général en ſouffrira ou même s'anéantira ; & la Société ne ſera plus que l'image d'une Montre détraquée.

fuivre les autres , & l'on conclura jufte ;
car comment fans cela , l'efpece pourroit-elle fe perpétuer ? Que fignifieroit
cette affection naturelle qui la précipite
à travers les dangers pour la défenfe &
la confervation de ces Etres qui lui
doivent déja la naiffance & dont l'é-
ducation lui coûtera tant de foins.

On feroit donc tenté de croire qu'il
y a une oppofition abfolue entre ces
deux efpeces d'affections , & l'on préfu-
meroit que s'attacher au bien général
de fon efpece en écoutant les unes ,
c'eft fermer l'oreille aux autres , & renoncer à fon intérêt particulier. Car
en fuppofant que les foins , les dangers & les travaux , de quelque nature
qu'ils foient , font des maux dans le
fyftême individuel ; puifqu'il eft de l'effence des affections fociales d'y porter
la Créature , on en inférera fur le

champ qu'il eſt de ſon intérêt de ſe défaire de ces penchans.

Nous convenons que toute affection ſociale , telle que la commiſération , l'amitié , la reconnoiſſance & les autres inclinations libérales & généreuſes , ne ſubſiſte & ne s'étend qu'aux dépens des paſſions intéreſſées , que les premieres nous diviſent d'avec nous-mêmes & nous ferment les yeux ſur nos aiſes & ſur notre ſalut particulier. Il ſemble donc que pour être parfaitement à ſoi & tendre à ſon intérêt avec toute la vigueur poſſible, on n'auroit rien de mieux à faire pour ſon propre bonheur , que de déraciner ſans ménagement toute cette ſuite d'affe-ctions ſociales , & de traiter la bonté , la douceur , la commiſération , l'affabilité, & leurs ſemblables , comme des extra-vagances d'imagination ou des foibleſſes de la nature.

En conféquence de ces idées fingu-
liéres , il faudroit avouer que dans chaque fyftême de Créatures , l'intérêt de
l'individu eft contradictoire à l'intérêt
général & que le bien de la Nature
dans le particulier eft incompatible avec
celui de la commune nature. Etrange
conftitution ! dans laquelle , il y auroit certainement un défordre & des
bizarreries que nous n'apperçevons point
dans le refte de l'Univers. J'aimerois
autant dire de quelque corps organifé ,
animal ou végétatif , que , pour affurer
que chaque partie jouit d'une bonne
fanté , il faut abfolument fuppofer que
le tout eft malade.

Mais pour expofer toute l'abfurdité de
cette hypothèfe , nous allons démontrer que , tandis que les hommes s'i-
maginant que leur avantage préfent eft
dans le Vice & leur mal réel dans la

Vertu , s'étonnent d'un désordre qu'ils supposent gratuitement dans la conduite de l'Univers , la Nature fait précisément le contraire de ce qu'ils imaginent: que l'intérêt particulier de la Créature est inséparable de l'intérêt général de son espece ; enfin que son vrai bonheur consiste dans la Vertu & que le Vice ne peut manquer de faire son malheur.

SECTION SECONDE.

Peu de gens oseroient supposer qu'une Créature en qui ils n'apperçoivent aucune affection naturelle , qui leur paroît destituée de tout sentiment social & de toute inclination communicative, joüit en elle-même de quelque satisfaction & retire de grands avantages de sa ressemblance avec d'autres Etres : l'opinion générale , c'est qu'une pareille Créature en rompant avec le genre-humain, en renonçant à la société, n'en a que moins de contentement dans la vie & n'en peut trouver que moins de douceur dans les plaisirs des sens. Le chagrin, l'impatience, & la mauvaise humeur, ne seront plus en elle des momens fâcheux ; c'est un état habituel auquel tout caractère insociable ne manque pas de se fixer. C'est alors qu'une foule d'idées tristes s'emparent de l'esprit & que le cœur est en proye à mille inclinations perverses qui l'agitent & le déchirent sans relâche : c'est alors que, des noirceurs de la mélancolie & des aigreurs de l'inquiétude, naissent ces antipathies cruelles par qui la Créature mécontente d'elle-même se révolte contre tout le monde. Le sentiment intérieur qui lui crie qu'un Etre si dépravé, incommode à quiconque l'approche, ne peut qu'être odieux à ses semblables, la remplit de foupçons & de jaloufies, la tient dans les craintes & les horreurs, & la jette dans des perplexités que la fortune la mieux établie & la plus con-ftante profpérité font incapables de calmer.

Tels font les fimptômes de la per-verfité complette, & l'on eft d'accord fur leur évidence. Lorfque la dépra-vation eft totale ; lorfque l'amitié, la candeur, l'équité, la confiance, la fo-ciabilité, font anéanties ; lors enfin que l'Apoftafie morale eft confommée, tout le monde s'apperçoit & convient de la mifére qui la fuit. Quand le mal eft à fon dernier degré ; il n'y a qu'un avis. Pourquoi faut-il qu'on perde de vûe les funeftes influances de la dépravation dans fes degrés inférieurs ? on s'imagine que la mifére n'eft pas toujours proportion-née à l'iniquité ; comme fi la méchancté complette pouvoit entraîner la plus grande mifére poffible ; fans que fes moindres degrés partageaffent ce châtiment. Parler ainfi , c'eft dire qu'à la vérité , le plus grand dommage qu'un corps puiffe fouffrir , c'eft d'être difloqué, démembré, & mis en mille piéces ; mais que la perte d'un bras ou d'une jambe , d'un œil , d'une oreille ou d'un doigt , c'eft une bagatelle qui ne mérite pas qu'on y faffe attention.

L'efprit a , pour ainfi dire , fes parties, & fes parties ont leurs proportions. Les dépendances réciproques & le rapport mutuel de ces parties , l'ordre & la connexion des penchans , le mélange & la balance des affections qui forment le caractère , font des objets faciles à faifir par celui qui ne juge pas cette Anatomie intérieure , indigne de quelque attention. L'œconomie animale n'eft ni

plus exacte , ni plus réelle. Peu de
gens toutefois se sont occupés à ana-
tomiser l'ame , & c'est un art que personne ne rougit d'ignorer parfaitement*.
Tout le monde convient que le tem-

* On se pique de connoître les qualités d'un
bon Cheval , d'un bon Chien & d'un bon Oi-
seau. On est parfaitement instruit des affections , du tempérament , des humeurs & de
la forme convenable à chacune de ces especes.
Si par hazard un Chien décéle quelque défaut
contraire à sa nature ; " cet animal , dit-on
„ incontinent , est vicieux „ ; & fortement persuadé que ce vice le rend moins propre aux
services qu'on en doit attendre , on met tout
en œuvre pour le corriger. Il y a peu de jeunes
gens qui n'entendent plus ou moins cette dis-
cipline. Suivons cet écervelé qui , pour quelqu'ordre futile & peut-être deshonnête , différé
ou mal-adroitement exécuté , feroit périr un
Domestique sous le bâton , suivons-le , dans
ses écuries & demandons-lui pourquoi ce Cheval est séparé de la société des autres ; " Il a
„ la jambe fine , il porte noblement sa tête,
„ il est en apparence plein d'ame & de feu :
Vous avez raison , vous répondra-t'il ; " mais
„ il est excessivement fougueux ; on en n'ap-
„ proche pas sans danger ; son ombre l'effa-
„ rouche ; une mouche lui fait prendre le mors
„ aux dents ; il faut que je m'en défasse ".
De-là passant à ses Chiens : " Voyez-vous

pérament

pérament varie & que ses vicissitudes
peuvent être funestes ; & qui que ce

,, ajoutera-t'il , tout de suite, (car vous avez
,, touché sa corde) ; voyez-vous cette petite
,, Chienne noire & blanche : elle est assez mal
,, coëffée : son poil & sa taille ne sont pas
,, avantageux : elle paroît manquer de jarret ;
,, mais elle a l'odorat exquis ; pour la sagacité,
,, je ne connois pas sa pareille ; & de l'ardeur :
,, hélas ! elle n'en a que trop pour sa force.
,, Si j'avois le malheur de la perdre, je don-
,, nerois pour la retrouver tous ces grands
,, Chiens de parade qui m'embarrassent plus
,, qu'ils ne me servent. Fainéans , lâches &
,, gourmands , mon Piqueur a pris des peines
,, infinies pour n'en rien faire qui vaille : ils
,, ont tellement dégénérés ; (car Finaude leur
,, mere étoit admirable !) qu'il faut que par
,, la négligence de ces coquins à rouer à coups
,, de barre (ce sont ses Valets d'écurie) elle
,, ait été couverte par quelque Mâtin de ma
,, basse-cour. ,, C'est ainsi que ceux qui ont
le moins étudié la Nature dans leur espece ,
distinguent à merveille & les défauts qui lui
sont étrangers , & les qualités qui lui conviennent, en d'autres Créatures. C'est ainsi que
la bonté qui les affecte si peu en eux-mêmes
& dans leurs semblables , surprend ailleurs leur
hommage : tant est naturel le sentiment que
nous en avons. C'est bien ici que nous au-
rons raison de dire avec Horace

Naturam expellas furcâ , tamen usque recurret.

II. Partie.   K

foit ne fe met en peine d'en chercher la caufe. On fçait que notre conftitution intellectuelle eft fujette à des paralyfies qui l'accablent & l'on n'eft point curieux de connoître l'origine de ces accidens. Perfonne ne prend le Scalpel & ne travaille à s'éclairer dans les entrailles du Cadavre * : on en eft à peine dans cette

* Le Chirurgien habile s'exerce long-tems fur les morts avant que d'opérer fur les vivans : il s'inftruit le fcalpel à la main, de la fituation, de la nature, & de la configuration des parties : il avoit exécuté cent fois fur le Cadavre les opérations de fon art avant que de les tenter fur l'Homme. C'eft un exemple que nous dévrions tous imiter : *te ipfum concute*. Rien n'eft plus reffemblant à ce que l'Anatomifte appelle *un Sujet*, que l'ame dans un état de tranquillité : il ne faut alors pour opérer fur elle ni la même adreffe ni le même courage que, quand les paffions l'échauffent & l'animent. On peut fonder fes bleffures & parcourir fes replis, fans l'entendre fe plaindre, gémir, foupirer : au contraire dans le tumulte des paffions, c'eft un malade pufillanime & fenfible que le moindre appareil effraye ; c'eft un Patient intraitable qu'on ne peut réfoudre. Dans cet état, quel efpoir de guérifon, furtout fi le Médecin eft un ignorant !

matiére aux idées de Parties & de Tout.
On ignore entiérement l'effet que doivent produire une affection réprimée,
un mauvais penchant négligé, ou quelque bonne inclination relâchée. Comment une seule action a-t'elle occasionné dans l'esprit une révolution capable
de le priver de tout plaisir ; c'est ce
qu'on voit arriver ; c'est ce qu'on ne
comprend pas ; & dans l'indifférence de
s'en instruire, on est tout prêt à supposer qu'un Homme peut violer sa foi,
s'abandonner à des crimes qui ne lui
font point familiers & se plonger dans
les vices, sans porter le trouble dans
son ame & sans s'exposer à des suites
fatales à son bonheur.

On dit tous les jours « Un tel a fait
» une bassesse ; mais en est-il moins heu-
» reux ? » Cependant en parlant de ces
hommes sombres & farouches, on dit

encore « Cet homme eſt ſon propre
» bourreau ». Une autre fois on conviendra « qu'il y a des paſſions, des
» humeurs, tel tempérament capable
» d'empoiſonner la condition la plus dou-
» ce & de rendre la Créature malheureu-
» ſe dans le ſein de la proſpérité ». Tous
ces raiſonnemens contradictoires, ne
prouvent-ils pas ſuffiſamment que nous
n'avons pas l'habitude de traiter des
ſujets moraux & que nos idées ſont encore bien confuſes ſur cette matiére.

Si la conſtitution de l'eſprit nous pa-
roiſſoit telle qu'elle eſt en effet ; ſi
nous étions bien convaincus qu'il eſt impoſſible d'étouffer une affection raiſonnable ou de nourir un penchant vicieux,
ſans attirer ſur nous un portion de cette
miſére extrême dont nous convenons
que la dépravation complette eſt toujours accompagnée, ne reconnoîtrions-

nous pas en même-tems que toute action injuste portant le défordre dans le tempérament ou augmentant celui qui y régne déja , quiconque fait mal ou préjudicie à fa bonté , eft plus fou , eft plus cruel à lui-même que celui qui , fans égard pour fa fanté , fe nourriroit de mets empoifonnés , ou , qui fe déchirant le corps de fes propres mains , fe plairoit à fe couvrir de bleffures.

SECTION TROISIEME.

Nous avons fait voir que , dans l'Animal , toute action qui ne part point de fes affections naturelles , ou de fes paffions, n'eft point une action de l'Animal. Ainfi dans ces accès convulfifs où la Créature fe frappe elle-même & s'élance fur ceux qui la fecourent ; c'eft un horloge détraqué qui fonne mal-à-propos : c'eft la machine qui agit & non l'Animal.   K iij

Toute action de l'Animal, confidéré comme Animal, part d'une affection, d'un penchant, ou d'une paffion qui le meut ; telle que feroient, par exemple, l'amour, la crainte, ou la haine.

Des affections foibles ne peuvent l'emporter fur des affections plus puiffantes qu'elles ; & l'Animal fuit néceffairement* dans l'action le parti le plus fort. Si les affections inégalement partagées forment en nombre ou en effence un côté fupérieur à l'autre, c'eft de celui-là que l'Animal inclinera. Voilà le balancier qui le met en mouvement & qui le gouverne.

Les affections qui déterminent l'Animal dans fes actions font de l'une ou de l'autre de ces trois efpéces.

Ou des affections naturelles & dirigées au bien général de fon efpece.

* Remarquez qu'il ne s'agit que de l'Animal.

Ou des affections naturelles & dirigées à son intérêt particulier.

Ou des affections qui ne tendent ni au bien général de son espece, ni à ses intérêts particuliers, qui même sont opposées à son bien privé & que par cette raison nous appellerons affections dénaturées : selon l'espece & le dégré de ces affections, la Créature qu'elles dirigent, est bien ou mal constituée, bonne ou mauvaise.

Il est évident que la derniere espece d'affections est toute vicieuse. Quant aux deux autres, elles peuvent être bonnes ou mauvaises selon leur degré. Elles maîtrisent toujours la Créature purement sensible ; mais la Créature sensible & raisonnable peut toujours les maîtriser, quelque puissantes qu'elles soient.

Peut-être trouvera-t'on étrange que des affections sociales puissent être trop fortes & des affections intéreſſées, trop foibles. Mais pour diffiper ce fcrupule, on n'a qu'à fe rappeller (ce que nous avons dit plus haut) que dans des circonftances particuliéres , les affections fociales deviennent quelquefois exceffives & fe portent à un point qui les rend vicieufes. Lors , par exemple , que la commifération eft fi vive qu'elle manque fon but , en fupprimant par fon excès les fecours qu'on a droit d'en attendre : lorfque la tendreffe maternelle eft fi violente qu'elle perd la Mere & par conféquent l'Enfant avec elle. « Mais, di» ra-t'on , traiter de vicieux & de déna» turé , ce qui n'eft que l'excès de quel» qu'affection naturelle & généreufe , n'y » auroit-il pas en cela un rigorifme mal » entendu » ? Pour toute réponfe à cette objection , je remarquerai que la meilleure affection dans fa nature fuffit par

son *intensité* pour endommager toutes
ses compagnes , pour reſtreindre leur
énergie & rallentir ou ſuſpendre leurs
opérations. En accordant trop à l'une ,
la Créature eſt contrainte de donner trop
peu à d'autres de la même claſſe, & qui
ne ſont ni moins naturelles ni moins utiles. Voilà donc l'injuſtice & la partialité
introduite dans le caractère : conséquemment , quelques devoirs ſeront remplis
avec négligence ; & d'autres , moins eſ-
ſentiels peut-être , ſuivis avec trop de
chaleur.

On peut avouer ſans crainte , ces
principes dans toute leur étendue ; puiſque la Religion même , conſidérée comme une paſſion , mais de l'eſpece héroïque , peut être pouſſée trop loin * &

* *Inſani ſapiens nomen ferat , æquus iniqui ,
Ultrà quam ſatis eſt , virtutem ſi petat ipſam.*
Horat. Satyr.

troubler par son excès toute l'œconomie des inclinations sociales. Oui la Religion, j'ose le dire, seroit trop énergi-
que en celui qu'une contemplation im-
modérée des choses célestes, qu'une
intempérance d'extase, refroidiroit sur
les offices de la vie civile & les devoirs
de la société. Cependant « Si l'objet de
» la dévotion est raisonnable, & si la
» croyance est orthodoxe ; quelle que
» soit la dévotion, pourra-t'on dire en-
» core ; Il est dûr de la traiter de super-
» stition ? Car enfin si la Créature laisse
» aller ses affaires domestiques à l'aban-
» don & néglige les intérêts temporels
» de son prochain & les siens, c'est l'ex-
» cès d'un zèle saint dans son origine
» qui produit ces effets ». Je réponds à
cela que la vraie Religion ne comman-
de pas une abnégation totale des soins
d'ici bas : ce qu'elle exige, c'est la préfé-

rence du cœur : elle veut qu'on rende à
Dieu, aux autres & à foi-même , tout
ce qu'on leur doit, fans remplir une de
ces obligations, au préjudice d'une autre.
Elle fçait les concilier entr'elles par une
fubordination fage & mefurée.

Mais fi d'un côté les affections fociales
peuvent être trop énergiques. De l'autre , les paffions intéreffées peuvent être
trop foibles. Si, par exemple , une Créature , ferme les yeux fur les dangers &
méprife la vie ; fi les inclinations utiles
à fa déffence , à fon bien-être & à fa
confervation manquent de force ; c'eft
affurément un vice en elle , relativement
aux deffeins & au but de la Nature. Les
loix & la méthode qu'elle obferve dans
fes opérations , en font des preuves au-
tentiques. Dira-t'on que le falut de l'A-
nimal entier l'intéreffe moins que celui
d'un membre , d'un organe ou d'une

seule de ses parties ? Non, sans doute.
Or elle a donné, nous le voyons, à chaque membre, à chaque organe, à chaque partie, les propriétés nécessaires à sa sûreté ; de sorte qu'à notre insçu même, ils veillent à leur bien-être & agissent pour leur deffense. L'œil naturellement circonspect & timide se ferme de lui-même & quelquefois malgré nous : ôtez-lui sa promptitude & son indocilité, & toute la prudence imaginable ne suffira pas à l'Animal pour se conserver la vûe. La foiblesse dans les affections qui concernent le bien de l'Automate est donc un vice : pourquoi le même défaut dans les affections qui concernent les intérêts d'un Tout plus important que le corps, je veux dire l'ame, l'esprit & le caractère, ne seroit-il pas une imperfection ?

C'est en ce sens que les penchans intéreffés deviennent effentiels à la Vertu. Quoique la Créature ne foit ni bonne ni vertueufe, précifément parce qu'elle a ces affections ; comme elles concourent au bien général de l'efpece, quand elle en eft dénuée, elle ne poffédé pas toute la bonté dont elle eft capable & peut être regardée comme défectueufe & mauvai-fe dans l'ordre naturel.

C'eft encore en ce fens que nous di-fons de quelqu'un « qu'il eft trop bon », lorfque des affections trop ardentes pour l'intérêt d'autrui l'entraînent au-delà ; ou lorfque trop d'indolence pour fes vrais intérêts, l'arrête en-deçà des bornes que la Nature & la Raifon lui prefcrivent.

Si l'on nous objecte qu'une façon de poffédér dans les mœurs & d'obferver dans la conduite les proportions mora-les, ce feroit d'avoir les paffions fociales trop énergiques, lorfque les penchans intéressés sont excessifs ; & lorsque les inclinations intéressées sont trop foibles, d'avoir les affections sociales défectueuses. Car en ce cas, celui qui compteroit sa vie pour peu de chose, feroit avec une dose legére d'affection sociale, tout ce que l'amitié la plus généreuse peut exiger ; & il n'y auroit rien de tout ce que le courage le plus héroïque inspire, qu'à l'aide d'un excès d'affection sociale, ne pût exécuter la Créature la plus timide.

Nous répondrons que c'est relativement à la constitution naturelle & à la destination particuliére de la Créature, que nous accusons quelques passions d'excès & que nous reprochons à d'autres, la foiblesse. Car lorsqu'un penchant dont l'objet est raisonnable, n'est utile que dans sa violence ; si ce degré, d'ailleurs n'altére point l'œconomie intérieure

& ne met aucune difproportion entre les autres affections ; on ne pourra le condamner comme vicieux. Mais fi la conftitution naturelle de la Créature ne permet pas au refte des affections de monter à fon uniffon ; fi le ton des unes eft auffi haut, & celui des autres plus bas, quelle que foit la nature des unes & des autres , elles pécheront par excès ou par défaut : car puifqu'il n'y a plus entr'elles de proportion , puifque la balance qui doit les tempérer, eft rompue , ce défordre jettera de l'inégalité dans la pratique & rendra la conduite vicieufe.

Mais pour donner des idées claires & diftinctes de ce que j'entends par œconomie des affections , je defcends aux efpeces de Créatures qui nous font fubordonnées. Celles que la Nature n'a point armées contre la violence & qui ne font formidables d'aucun côté, doivent être fufceptibles d'une grande frayeur & ne reffentir que peu d'animofité ; car cette derniere qualité feroit infailliblement la caufe de leur perte foit en les déterminant à la réfiftance, foit en retardant leur fuite. C'eft à la crainte feule qu'elles peuvent avoir obligation de leur falut. Auffi la crainte tient-t'elle les fens en fentinelle, & les efprits en état de porter l'allarme.

En pareil cas, la frayeur habituelle & l'extrême timidité font conféquemment à la conftitution animale de la Créature, des affections auffi conformes à fon intérêt particulier & au bien général de fon efpéce, que le reffentiment & le courage feroient préjudiciables à l'un & à l'autre. Auffi-remarque-t-on que dans un feul & même fyftême, la nature a pris foin de diverfifier ces paffions proportionnellement

tionellement au fexe, à l'âge & à la force des Créatures. Dans le fyftême animal, les animaux innocens fe raffemblent
& paiffent en troupe ; mais les bêtes farouches vont communément deux à
deux, vivent fans fociété & comme il
convient à leur voracité naturelle. Entre
les premiers, le courage eft toutefois en
raifon de la taille & des forces. Dans les
occafions périlleufes, tandis que le refte
du troupeau s'enfuit, le bœuf préfente les
cornes à l'ennemi, & montre bien qu'il
fent fa vigueur. La nature qui femble prefcrire à la femelle de partager le danger,
n'a pas laiffé fon front fans défenfe. Pour
le Daim, la Biche & leurs femblables, ils
ne font ni vicieux ni dénaturés, lorfqu'à
l'approche du Lion, ils abandonnent
leurs petits & cherchent leur falut dans
leur vîteffe. Quant aux Créatures capables de réfiftance, & à qui la nature

II. Partie.   L

a donné des armes offensives , depuis le cheval & le taureau jusqu'à l'abeille & au moucheron , ils entrent promptement en furie, ils fondent avec intrépidité sur tout aggresseur , & défendent leurs petits au péril de leur propre vie. C'est l'animosité de ces créatures qui fait la sûreté de leur espéce. On est moins ardent à offenser , quand on sçait par expérience que le lézé, quoiqu'incapable de repousser l'injure , ne la supportera pas tranquillement ; mais que , pour punir l'offenseur , il s'exposera sans regret à perdre la vie. De tous les êtres vivans, l'homme est le plus formidable en ce sens. Lorsqu'il s'agira de sa propre cause ou de celle de son pays, il n'y a personne dont il ne puisse tirer une vengeance, qu'il regardera comme équitable & exemplaire, & s'il est assez intrépide pour sacrifier sa vie , il est maître de celle d'un

autre quelque bien gardé qu'il puisse être.
Dans ces Républiques de l'antiquité, où
les peuples nés libres ont été quelquefois
subjugués par l'ambition d'un Citoyen, on
a vû des exemples de ce courage, & des
usurpateurs punis malgré leur vigilance,
des cruautés qu'ils avoient exercées; on a
vû des hommes généreux tromper toutes
les précautions possibles, & assurer par
la mort des tyrans, le salut & la liberté
de leur patrie *.

* J'ai crû devoir rectifier ici la pensée de
M. S. qui nomme hardiment & conséquemment aux préjugés de sa nation, vertu, courage, héroïsme le meurtre d'un Tyran en général. Car si ce Tyran est Roi par sa naiss-
sance ou par le choix libre des peuples, il est
de principe parmi nous que se portât-t'il aux
plus étranges excès, c'est toujours un crime
horrible que d'attenter à sa vie. La Sorbonne
l'a décidé en 1626. Les premiers fidelles n'ont
pas cru qu'il leur fût permis de conspirer contre leurs persécuteurs, Neron, Dece, Dioclé-
tien, &c. & Saint Paul a dit expressément,
*Obedite præpositis vestris etiam discolis, & sub-
jacete eis.*

Enfin on peut dire que les affections
font dans la conftitution animale, ce que
font les cordes fur un inftrument de mufique. Les cordes ont beau garder entr'elles les proportions requifes, fi la
tenfion eft trop grande, l'inftrument eft
mal monté, & fon harmonie eft éteinte.
Mais fi tandis que les unes font au ton qui
convient, les autres ne font pas montées
en proportion ; la Lyre ou le Luth eft
mal accordé, & l'on n'exécutera rien qui
vaille. Les différens fyftêmes de créatures, répondent aux différentes efpéces
d'inftrumens ; & dans le même genre
d'inftrumens, ainfi que dans le même
fyftême de Créatures, tous ne font pas
égaux, & ne portent pas les mêmes
cordes. La tenfion qui convient à l'un
briferoit les cordes de l'autre, & peut-
être l'inftrument même. Le ton qui fait
fortir toute l'harmonie de celui-ci, rend

fourd ou fait crier celui-là. Entre les hommes, ceux qui ont le fentiment vif & délicat, ou que les plaifirs & les peines affectent aifément, doivent pour le maintien de cette balance intérieure fans laquelle la créature mal difpofée à remplir fes fonctions troubleroit le concert de la fociété, poffeder les autres affections, telles que la douceur, la commifération, la tendreffe & l'affabilité, dans un degré fort élevé. Ceux au contraire qui font froids, & dont le tempérament eft placé fur un ton plus bas, n'ont pas befoin d'un accompagnement fi marqué. Auffi la nature ne les a-t-elle pas deftinés, ou à reffentir ou à exprimer les mouvemens tendres & paffionnés, au même point que les précédens *.

* Nous reffemblons à de vrais Inftrumens dont les paffions font les cordes. Dans le fou, elles font trop hautes, l'inftrument crie; elles

Il seroit curieux de parcourir les différens tons des passions, les modes divers
des affections & toutes ces mesures de
sentimens qui différencient les caractères
entre eux. Point de sujet susceptible de
tant de charmes & de tant de difformités.
Toutes les créatures qui nous environnent, conservent sans altération l'ordre

sont trop basses dans le stupide, l'instrument
est sourd. Un homme sans passions est donc
un instrument dont on a coupé les cordes ou
qui n'en eut jamais. C'est ce qu'on a déja
dit. Mais il y a plus. Si quand un instrument
est d'accord vous en pincez une corde, le son
qu'elle rend occasionne des frémissemens &
dans les instrumens voisins, si leurs cordes ont
une tension proportionnellement harmonique
avec la corde pincée ; & dans ses voisines sur
le même instrument, si elles gardent avec elle
la même proportion. Image parfaite de l'affi-
nité, des rapports & de la conspiration mutuelle de certaines affections dans le même caractère, & des impressions gracieuses & du doux
frémissement que les belles actions excitent
dans les autres, surtout lorsqu'ils sont vertueux.
Cette comparaison pourroit-être poussée bien
loin ; car le son excité est toujours analogue à
celui qui l'excite.

& la régularité requifes dans leurs affections. Jamais d'indolence dans les fer-
vices qu'elles doivent à leurs petits & à
leurs femblables. Lorfque notre voifi-
nage ne les a point dépravés, la profti-
tution, l'intempérance & les autres excès leur font généralement inconnus. Ces
petites créatures qui vivent comme en
République, les abeilles & les fourmis
fuivent dans toute la durée de leur vie,
les mêmes loix, s'affujétiffent au même
gouvernement, & montrent dans leur
conduite toujours la même harmonie.
Ces affections qui les encouragent au
bien de leur efpéce, ne fe dépravent,
ne s'affoibliffent, ne s'anéantiffent jamais
en elles. Avec les fecours de la Religion & fous l'autorité des loix, l'homme vit d'une façon moins conforme à fa
nature que ne font ces Infectes. Ces loix
dont le but eft de l'affermir dans la prati-

que de la juſtice, ſont ſouvent pour lui
des ſujets de révolte ; & cette Religion
qui tend à le fanctifier, le rend quelquefois la plus barbare des Créatures. On
propoſe des queſtions ; on ſe chicane
ſur des mots ; on forme des diſtinctions ;
on paſſe aux dénominations odieuſes ; on
proſcrit de pures opinions ſous des peines ſéveres. De-là naiſſent les antipathies, les haines & les ſéditions. On en
vient aux mains, & l'on voit à la fin la
moitié de l'eſpéce ſe baigner dans le ſang
de l'autre moitié *. J'oſerois aſſurer,
qu'il eſt preſque impoſſible de trouver
ſur la terre une ſociété d'hommes qui ſe

* Les Arabes pour décider plus ſouveraine-
ment que dans les Ecoles, ſi les attributs de
Dieu étoient ou réellement ou virtuellement
diſtingués, ſe ſont livré des batailles ſan-
glantes. † Celles dont l'Angleterre a été quelquefois déchirée, n'avoient gueres de fondement plus ſolide.

† *Herbelot Bibl. Orient.*

gouvernent par des principes humains *.

* Qui prendra la peine de lire avec foin l'Hiftoire du Genre-humain , & d'examiner d'un œil indifférent la conduite des Peuples de la terre , fe convaincra lui-même qu'excepté les devoirs qui font abfolument néceffaires à la confervation de la Société humaine (qui ne font même que trop fouvent violés par des fociétés entieres à l'égard des autres fociétés) on ne fçauroit nommer aucun principe de Morale ni imaginer aucune régle de Vertu qui dans quelque endroit du monde ne foit méprifée ou contredite par la pratique générale de quelques Sociétés entiéres qui font gouvernées par des maximes & dirigées par des régles tout-à-fait oppofées à celles de quelqu'autre Société. Des Nations entieres & même des plus policées ont cru qu'il leur étoit auffi permis d'expofer leurs enfans & de les laiffer mourir de faim , que de les mettre au monde. Il y a des contrées à-prefent où l'on enfévelit les Enfans tout vifs , avec leurs Meres , s'il arrive qu'elles meurent dans leurs couches. On les tue , fi un Aftrologue affure qu'ils font nés fous une mauvaife étoile. Ailleurs , un Enfant tue , ou expofe fon Pere & fa Mere , lorfqu'ils font parvenus à un certain âge. Dans un canton de l'Afie , dès qu'on défefpere de la fanté d'un malade , on le met dans une foffe creufée en terre , & là expofé au vent & aux injures de l'air , on le laiffe périr impitoyablement. Il eft ordinaire parmi les Mingreliens qui font profeffion de Chriftianifme , d'enfévelir leurs enfans tous vifs. Les Caribes les

Est-il surprenant, après cela, qu'on ait peine à trouver dans ces sociétés un homme qui soit vraiment homme, & qui vive conformément à sa nature.

Mais après avoir expliqué ce que j'entens par des passions trop foibles ou trop fortes, & démontré que, quoique les unes & les autres passent quelquefois pour des vertus, ce sont, à proprement parler, des imperfections & des vices ; je viens à ce qui constitue la malice d'une maniere plus évidente & plus avouée, & je réduis la chose à trois cas.

mutilent, les engraissent & les mangent. Garcilasso de la Vega, rapporte que certains Peuples du Perou font des concubines de leurs prisonnieres, nourrissent délicieusement les Enfans qu'ils en ont, & s'en repaissent ainsi que de la Mere, lorsqu'elle devient stérile. Les Usages, les Religions, & les Gouvernemens divers qui partagent l'Europe, nous fourniroient une multitude d'actions moins barbares en apparence, mais aussi déraisonnables au fond & peut-être plus dangereuses dans les conséquences.

I. Ou les affections sociales sont foibles & défectueuses.

II. Ou les affections privées sont trop fortes.

III. Ou les affections ne tendent ni au bien particulier de la Créature, ni à l'intérêt général de son espéce.

Cette énumération est complette, & la Créature ne peut être dépravée, sans être comprise dans l'un ou l'autre de ces états, ou dans tous à la fois. Si je prouve donc que ces trois états sont contraires à ses vrais intérêts, il s'ensuivra que la vertu seule peut faire son bonheur, puisqu'elle seule suppose entre les affections tant sociales que privées une juste balance, une sage & paisible œconomie.

Au reste, lorsque nous assurons que l'œconomie des affections sociales fait le bonheur temporel; c'est autant que la Créature peut être heureuse dans ce

monde. Nous ne prétendons rien prouver de contraire à l'expérience : or elle
ne nous apprend que trop bien que les
orages paffagers qui troublent l'homme
le plus heureux , font pour le moins
auffi fréquens que les fautes légéres qui
échappent à l'homme le plus jufte. Ajoutez à cela ces élans continuels vers l'E-
ternité, ces mouvemens d'une ame qui
fent le vuide de fon état actuel , mouvemens d'autant plus vifs que la ferveur
eft grande. D'où l'on peut conclure fans
aller plus loin, que s'il eft vrai qu'il y ait
du bonheur attaché à la pratique des Vertus, comme nous le démontrerons, il
ne l'eft pas moins que la Créature ne
peut jouir d'une félicité proportionnée à
fes defirs , d'un bonheur qui la rempliffe,
d'un repos immuable , que dans le fein
de la Divinité.

Voici donc ce qui nous refte à prouver.

I.

Que le principal moyen d'être bien
avec foi & par conféquent d'être heureux, c'eft d'avoir les affections fociales
entieres & énergiques; & que manquer
de ces affections, ou les avoir défectueu-
fes c'eft être malheureux.

II.

Que c'eft un malheur que d'avoir les
affections privées trop énergiques, &
par conféquent au-deffus de la fubordination que les affections fociales doivent leur imprimer.

III.

Enfin que d'être pourvû d'affections
dénaturées, ou de ces penchans qui ne
tendent ni au bien particulier de la Créature ni à l'intérêt général de fon efpéce,
c'eft le comble de la mifere.

PARTIE SECONDE.

SECTION PREMIERE.

POUR démontrer que le principal moyen d'être heureux c'est d'avoir les affections sociales, & que manquer de ces penchans, c'est être malheureux; je demande en quoi consistent ces plaisirs & ces satisfactions qui font le bonheur de la Créature. On les distingue communément en plaisirs du corps, & en satisfactions de l'esprit.

On ne disconvient pas que les satisfactions de l'esprit ne soient préférables aux plaisirs du corps. En tout cas, voici comment on pourroit le prouver. Toutes les fois que l'esprit a conçu une haute opinion du mérite d'une action, qu'il est vivement frappé de son héroïsme, & que cet objet a fait toute son impresfion, il n'y a ni terreurs ni promeffes, ni peines ni plaifirs du corps, capables d'arrêter la Créature. On voit des Indiens, des Barbares, des malfaiteurs & quelquefois les derniers des humains, s'expofer pour l'intérêt d'une troupe, par reconnoiffance, par animofité, par des principes d'honneur ou de galanterie à des travaux incroyables, & défier la mort même. Tandis que le moindre nuage d'efprit, le plus léger chagrin, un petit contretems, empoifonnent & anéantiffent les plaifirs du corps; & cela, lorfque placé d'ailleurs dans les circonftances les plus avantageufes, au centre de tout ce qui pouvoit exciter & entretenir l'enchantement des fens, on étoit fur le point de s'y abandonner. C'eft en vain qu'on effayeroit de les rappeller: tant que l'efprit fera dans la même affiette, les efforts, ou feront inutiles, ou ne produiront qu'impatience & dégout.

Mais si les satisfactions de l'esprit sont supérieures aux plaisirs du corps, comme on n'en peut douter ; il suit de-là , que tout ce qui peut occasionner dans un Etre intelligent une succession constante de plaisirs intellectuels , importe plus à son bonheur que ce que lui offriroit une pareille chaîne de plaisirs corporels.

Or les satisfactions intellectuelles consistent ou dans l'exercice même des affections sociales , ou découlent de cet exercice en qualité d'effets.

Donc, l'œconomie des affections sociales étant la source des plaisirs intellectuels , ces affections sociales seront seules capables de procurer à la Créature un bonheur constant & réel.

Pour développer maintenant comment les affections sociales font par elles-mêmes les plaisirs les plus vifs de la Créature, (travail superflu pour celui qui a

éprouvé

éprouvé la condition de l'esprit sous l'empire de l'amitié, de la reconnoissance,
de la bonté, de la commisération, de la
générosité, & des autres affections sociales). Celui qui a quelques sentimens naturels, n'ignore point la douceur de ces
penchans généreux; mais la différence que
nous trouvons, tous tant que nous som-
mes, entre la solitude & la compagnie ;
entre la compagnie d'un indifférent &
celle d'un ami ; la liaison de presque tous
nos plaisirs avec le commerce de nos
semblables & l'influence qu'une société
présente ou imaginaire exerce sur eux,
décident la question.

Sans en croire le sentiment intérieur, la supériorité des plaisirs qui naissent des affections sociales sur ceux qui
viennent des sensations, se reconnoît encore à des signes extérieurs, & se manifeste au dehors par des symptômes mer-

veilleux. On la lit fur les vifages : elle s'y peint en des caractères indicatifs d'une joie plus vive , plus complette, plus abondante , que celle qui accompagne le foulagement de la faim, de la foif & des plus preffans appétits. Mais l'afcendant actuel de cette efpece d'affection fur les autres, ne permet pas de douter de leur énergie. Lorfque les affections fociales fe font entendre , leur voix fufpend tout autre fentiment, & le refte des penchans garde le filence. L'enchantement des fens n'a rien de comparable : quiconque éprouvera fucceffivement l'une & l'autre volupté, donnera fans balancer la préférence à la premiére. Mais pour prononcer avec équité , il faut les avoir éprouvées dans toute leur *intenfité*. L'honnête homme peut connoître toute la vivacité des plaifirs fenfuels : l'ufage modéré qu'il en fait, répond de la fenfibilité de ſes organes & de la délicateſſe de ſon goût : mais le méchant, étranger par ſon état aux affe─ctions ſociales, eſt abſolument incapable de juger des plaiſirs qu'elles cauſent.

Obje─cter que ces affe─ctions ne déterminent pas toujours la Créature qui les poſſéde ; c'eſt ne rien dire. Car ſi la Créature ne les reſſent pas dans leur énergie naturelle, c'eſt comme ſi elle en étoit actuellement privée, & qu'elle l'eût toujours été. Mais en attendant la démonſtration de cette propoſition, nous remarquerons que moins une Créature aura d'affe─ction ſociale ; plus il ſera ſurprenant qu'elle prédomine : toutefois ce prodige n'eſt pas inoui. Or ſi l'affection ſociale, telle quelle, a pû dans une occaſion ſurmonter la ſcélérateſſe, il reſte inconteſtable que fortifiée par un exercice aſſidu, elle auroit toujours prévalu.

M ij

Telle est la puissance & le charme de l'affection sociale, qu'elle arrache la Créature à tout autre plaisir. Lorsqu'il est question des intérêts du sang & dans cent autres occasions, cette passion maîtrise souverainement, & sa présence triomphe presque sans effort des tentations les plus séduisantes.

Ceux qui ont fait quelque progrès dans les Sciences, & à qui les premiers principes des Mathématiques ne sont pas inconnus, assurent que l'esprit trouve dans ces vérités, quoique purement spéculatives, une sorte de volupté supérieure à celle des sens : Or on a beau creuser la Nature de ce plaisir de contemplation, on n'y découvre pas le moindre rapport avec les intérêts particuliers de la Créature. Le bien de son système individuel est ici pour zéro. L'admiration & la joie qu'elle ressent, tombent sur des choses

extérieures & étrangéres au Mathémati-
cien : & quoique le sentiment des premiers plaisirs qu'il éprouve & qui lui
rendent habituelle l'étude de ces Sciences abstraites & pénibles , puisse devenir
en lui une raison d'intérêt ; ces premiéres voluptés, ces satisfactions originelles
qui l'ont déterminé à ce genre d'occupation , ne peuvent avoir d'autre cause
que l'amour de la vérité , la beauté de
l'ordre & le charme des proportions ; &
cette passion considérée dans ce point de
vûe est du genre des affections naturelles. Car puisque son objet n'est point
dans l'étendue du système individuel de
la Créature, il faut ou la traiter d'inutile,
de superflue, & conséquemment d'inclination dénaturée ; ou , la prenant pour
ce qu'elle est , l'approuver comme une
délectation raisonnable , engendrée par
la contemplation des nombres , de l'har-

monie, des proportions & des accords qui font obfervés dans la conftitution des Etres, qui fixent l'ordre des chofes & qui foutiennent l'Univers.

Or fi ce plaifir de contemplation eft fi grand que les voluptés corporelles n'ont rien qui l'égale, quel fera donc celui qui naît de l'exercice de la Vertu, qui fuit une action héroïque ? Car c'eft alors que pour combler le bonheur de la Créature, une flatteufe approbation de l'efprit fe réunit à des mouvemens du cœur délicieux & prefque divins. En effet, quel plus beau fujet de réflexion dans l'Univers, quelle plus raviffante matiére à contempler qu'une grande, noble & vertueufe action ? Eft-il quelque chofe dont la connoiffance intérieure & la mémoire puiffent caufer une fatisfaction plus pure, plus douce, plus complette & plus durable.

Dans cette paſſion qui rapproche les ſexes, ſi la tendreſſe du cœur ſe mêle à l'ardeur des ſens, ſi l'amour de la perſonne accompagne celui du plaiſir ; quel ſurcroît de délectation ! auſſi quelle différence d'énergie entre le ſentiment & l'appétit ? Le premier a fait entreprendre des travaux incroyables & braver la mort même, ſans autre intérêt que celui de l'objet aimé, ſans aucune vûe de récompenſe : car où ſeroit le fondement de cet eſpoir ? En ce monde ? la mort finit tout. Dans l'autre vie ? je ne connois point de Légiſlateur qui ait ouvert le Ciel aux héros amoureux, & deſtiné des récompenſes à leurs glorieux travaux.

Les ſatisfactions intellectuelles qui naiſſent des affections ſociales, ſont donc ſupérieures aux plaiſirs corporels. Mais ce n'eſt pas tout, elles ſont encore indépendantes de la santé, de l'aisance, de la gayeté & de tous les avantages de la fortune & de la prospérité. Si dans les périls, les craintes, les chagrins, les pertes & les infirmités, on conserve les affections sociales, le bonheur est en sûreté. Les coups qui frappent la Vertu, ne détruisent point le contentement qui l'accompagne. Je dis plus. C'est une beauté qui a quelque chose de plus doux & de plus touchant dans la tristesse & dans les larmes qu'au milieu des plaisirs. Sa mélancolie a des charmes particuliers; ce n'est que dans l'adversité qu'elle s'abandonne à ces épanchemens si tendres & si consolans. Si l'adversité n'empoisonne point ses douceurs, elle semble accroître sa force & relever son éclat. La Vertu ne paroît avec toute sa splendeur que dans la tempête & sous le nuage. Les affections sociales ne montrent

toute leur valeur que dans les grandes
afflictions. Si ce genre de paſſions eſt
adroitement remué, comme il arrive à
la repréſentation d'une bonne Tragédie,
il n'y a aucun plaiſir à égalité de durée,
qu'on puiſſe comparer à ce plaiſir d'illu-
ſion. Celui qui ſçait nous intéreſſer au
deſtin du Mérite & de la Vertu, nous
attendrir ſur le ſort des bons, & ſoule-
ver en leur faveur tout ce que nous
avons d'humanité ; celui-là, dis-je, nous
jette dans un raviſſement, & nous procure une ſatisfaction d'eſprit & de cœur
ſupérieure à tout ce que les ſens ou les
appétits cauſent de plaiſirs. Nous conclu-
rons de-là que l'exercice actuel des affections ſociales eſt une ſource des voluptés intellectuelles.

Démontrons à préſent qu'elles dérivent encore de cet exercice, en qualité
d'effets.

Nous remarquerons d'abord que le but des affections sociales relativement à l'esprit, c'est de communiquer aux autres les plaisirs qu'on ressent, de partager ceux dont ils jouissent, & de se flatter de leur estime & de leur approbation.

La satisfaction de communiquer ses plaisirs, ne peut être ignorée que d'une Créature affligée d'une dépravation originelle & totale. Je passe donc à la satisfaction de partager le bonheur des autres & de le ressentir avec eux; à ces plaisirs que nous recueillons de la félicité des Créatures qui nous environnent, soit par les récits que nous en entendons, soit par l'air, les gestes, & les sons qui nous en instruisent; ces Créatures, fussent-elles d'une espéce différente, pourvû que les signes caractéristiques de leur joie soient à notre portée. Les plaisirs de participation sont si fréquents & si doux, qu'en parcourant de bonne foi tous les quarts-d'heures amusans de la vie, on conviendra que ces plaisirs en ont rempli la plus grande & la plus délicieuse partie.

Quant au témoignage qu'on se rend à soi-même, de mériter l'estime & l'amitié de ses semblables ; rien ne contribue davantage à la satisfaction de l'esprit & au bonheur de ceux même à qui l'on donne le nom de voluptueux, dans la signification la plus vile. Les Créatures qui se piquent le moins de bien mériter de leur espéce, font parade dans l'occasion d'un caractère droit & moral. Elles se complaisent dans l'idée de valoir quelque chose. Idée chimérique à la vérité, mais qui les flatte, & qu'elles s'efforcent d'étayer en elles-mêmes, en se dérobant à la faveur de quelques services rendus à un ou deux amis, une conduite pleine d'indignités.

Quel Brigand, quel Voleur de grands chemins, quel infracteur déclaré des loix de la société n'a pas un compagnon, une société de gens de son espéce, une troupe de scélérats comme lui dont les succès le réjouissent, à qui il fait part de ses prospérités ; qu'il traite d'amis, & dont il épouse les intérêts comme les siens propres ? Quel homme au monde est insensible aux caresses & à la louange de ses connoissances intimes ? Toutes nos actions n'ont-elles pas quelque rapport à ce tribut ? Les applaudissemens de l'amitié n'influent-ils pas sur toute notre conduite ? n'en sommes-nous pas même jaloux pour nos vices ? n'entrent-ils pour rien dans la perspective de l'ambition, dans les fanfaronades de la vanité, dans les profusions de la somptuosité, & même dans les excès de l'amour deshonnête ? En un mot, si les plaisirs se cal-

culoient, comme beaucoup d'autres choses, on pourroit assurer que ces deux
sources, la participation au bonheur des
autres, & le désir de leur estime, four-
nissent au moins neuf dixiémes de tout
ce que nous en goutons dans la vie. De
sorte que de la somme entiére de nos
joies, il en resteroit à peine un dixiéme
qui ne découlât point de l'affection sociale & qui ne dépendît pas immédiatement de nos inclinations naturelles.

Mais de peur qu'on n'attende de quelque portion d'inclination naturelle l'entier & plein effet d'une affection sincère,
complette & vraiment morale; de peur
qu'on ne s'imagine qu'une dose légére
d'affection sociale est capable de procurer tous les avantages de la société, &
d'initier profondément à la participation
au bonheur des autres: nous observerons
que tout penchant tronqué, que toute

inclination rétrécie , se bornant sans sujet à quelque partie d'un tout qui doit intéresser , sera sans fondement réel & solide. L'amour de ses semblables, ainsi que tout autre penchant dont le bien privé de la Créature n'est pas l'objet immédiat, peut être naturel ou dénaturé: s'il est dénaturé, il ne manquera pas de croiser les vrais intérêts de la société, & conséquemment d'anéantir les plaisirs qu'on en peut attendre : s'il est naturel, mais concentré ; il se changera en une passion singuliere , bizarre , capricieuse & qui n'est d'aucun prix. La Créature qu'il anime n'en a ni plus de Vertu ni plus de Mérite. Ceux pour qui ce vent souffle, n'ont aucun gage de sa durée : il s'est élevé sans raison ; il peut changer ou cesser de même. La vicissitude continuelle de ces penchans que le caprice fait éclorre & qui entraînent l'ame

de l'amour à l'indifférence & de l'indifférence à l'aversion , doit la tenir dans des
troubles interminables , la priver peu à
peu du sentiment des plaisirs de l'amitié,
& la conduire enfin à une haine parfaite
du genre-humain. Au contraire l'affection entiere (d'où l'on a fait le nom d'*intégrité*) , comme elle est complette en
elle-même , réfléchie dans son objet &
poussée à sa juste étendue , est constante,
solide & durable. Dans ce cas le témoignage que la Créature se rend à
elle-même , d'une disposition équitable
pour les hommes en général , justifie
ses inclinations particulieres , & ne la
rend que plus propre à la participation
des plaisirs d'autrui. Mais dans le cas
d'une affection mutilée ; ce penchant
sans ordre , sans fondement raisonnable
& sans loi , perd sans cesse à la réflexion ;
la conscience le désapprouve & le bonheur s'évanouit.

Si l'affection partielle ruine la jouiffance des plaifirs de fympathie & de
participation ; ce n'eft pas tout. Elle
tarit encore la troifiéme fource des fatisfactions intellectuelles ; je veux dire,
le témoignage qu'on fe rend à foi-même
de bien mériter de tous fes femblables.
Car d'où naîtroit ce fentiment préfomp-
tueux ? Quel mérite folide peut-on fe
reconnoître? quel droit a-t'on fur l'eftime des autres, quand l'affection qu'on
a pour eux eft fi mal fondée ? Quelle
confiance exiger, lorfque l'inclination
eft fi capricieufe ? Qui comptera fur
une tendreffe qui péche par la bafe,
qui manque de principes ? Sur une amitié que la même fantaifie qui l'a bornée
à quelques perfonnes, à une petite
partie du genre-humain, peut refferrer
encore & exclure celui qui en jouit actuellement, comme elle en a privé
une

une infinité d'autres qui méritoient de
la partager.

D'ailleurs on ne doit point espé-
rer que ceux dont la Vertu ne dirige ni l'estime ni l'affection, ayent le
bonheur de placer l'une & l'autre en
des sujets qui les méritent. Ils auroient
peine à trouver dans la multitude de
ces amis de cœur dont ils se vantent,
un seul homme dont ils prisassent les
sentimens, dont ils chérissent la confiance, sur la tendresse duquel ils osassent
jurer, & en qui ils pussent se complaire
sincérement. Car on a beau repousser
les soupçons & se flatter de l'attachement de gens incapables d'en former;
l'illusion qu'on se fait, ne peut four-
nir que des plaisirs aussi frivoles qu'elle : quel est donc dans la Société le
désavantage de ces gens à passions mu-
tilées ? La seconde source des plaisirs

II. Partie.   N

intellectuels ne fournit presque rien pour eux.

L'affection entiére jouit de toutes les prérogatives dont l'inclination partielle est privée : elle est constante, uniforme, toujours satisfaite d'elle-même ; & toujours agréable & satisfaisante. La bienveillance & les applaudissemens des bons lui sont tout acquis ; & dans les cas désintéressés, elle obtiendra le même tribut des méchans. C'est d'elle que nous dirons avec vérité que la satisfaction intérieure de mériter l'amour & l'approbation de toute Société, de toute Créature intelligente & du principe éternel de toute Intelligence, ne l'abandonne jamais. Or ce principe une fois admis, le Théisme adopté ; les plaisirs qui naîtront de l'affection héroïque dont Dieu sera l'objet final, partageront son excellence & seront grands, nobles & par-

faits comme lui. Avoir les affections
fociales entiéres , ou l'intégrité de cœur
& d'efprit , c'eft fuivre pas à pas la
Nature ; c'eft imiter , c'eft repréfenter
l'Etre fuprême , fous une forme humaine ; & c'eft en cela que confifte la Juftice , la Piété , la Morale , & toute la
Religion naturelle.

Mais de peur qu'on ne relegue
dans l'Ecole ce raifonnement hériffé de
phrafes & de termes de l'art , & qu'une
partie de cet Effai ne demeure fans fondement & fans fruit pour les gens du
monde ; effayons de démontrer les mêmes vérités d'une façon plus familiére.

Si l'on examine un peu la Nature des
plaifirs ; foit qu'on les obferve dans la
retraite , dans l'étude , & dans la contemplation ; foit qu'on les confidere dans
les réjouiffances publiques , dans les
parties amufantes , & d'autres divertif-

semens semblables, on conviendra qu'ils supposent essentiellement un tempérament libre d'inquiétude, d'aigreur & de dégoût ; & un esprit tranquille, satisfait de lui-même, & capable d'envisager sa condition propre sans chagrin. Mais cette disposition de tempérament & d'esprit, si nécessaire à la jouissance des plaisirs est une suite de l'œconomie des affections.

Quant au tempérament, nous sçavons par expérience qu'il n'y a point de fortune si brillante, de prospérité si suivie, d'état si parfait que l'inclination & les désirs ne puissent corrompre & dont l'humeur & les caprices n'épuissassent bientôt les ressources & ne ressentissent l'insuffisance. Les appétits désordonnés sément la vie d'épines. Les passions effrénées sont troublées dans leur cours par une infinité d'obstacles, quelquefois impoſſibles , mais toujours pénibles à ſurmonter. Les chagrins naiſſent ſous les pas de qui vit au hazard ; il en trouve, au-dedans , au-dehors , par-tout. Le cœur de certaines Créatures reſſemble à ces enfans mauſſades & maladifs : ils demandent ſans ceſſe , & on a beau leur donner tout ce qu'ils demandent , ils ne finiſſent point de crier. C'eſt un fond inépuiſable de peines & de troubles, qu'un deſſein pris de ſatisfaire à toutes les fantaiſies qu'il produit. Mais ſans ces inconvéniens qui ne ſont pas généraux ; les laſſitudes , la méſaiſance , l'embarras des filtrations , l'engorgement des liqueurs , le dérangement des eſprits animaux & toutes ces incommodités accidentelles dont les corps les mieux conſtitués ne ſont pas exempts, ne ſuffiſent-elles pas pour engendrer la mauvaiſe humeur & le dégoût ? Et ces vices ne

N iij

deviendront-ils pas habituels , fi l'on n'écarte leur influence , ou fi l'on n'arrête leur progrès dans le tempérament. Or l'exercice des affections fociales , eft l'émétique du dégoût ; c'eft le feul contre-poifon de la mauvaife humeur. Car nous avons remarqué que , lorfque la Créature prend fon parti & fe réfout à guérir de ces maladies de tempérament, elle a recours aux plaifirs de la Société ; elle fe prête au commerce de fes femblables & ne trouve de foulagement à fa trifteffe & à fes aigreurs , que dans les diftractions & les amufemens de la compagnie.

Dans ces difpofitions fâcheufes , dira-t'on peut-être , la Religion eft d'un puiffant fecours. Sans doute ; mais quelle efpece de Religion ? Si fa nature eft confolante & bénigne ; fi la dévotion qu'elle infpire eft douce , tranquille & gaie ;

c'est une affection naturelle , qui ne peut être que salutaire : mais les Ministres en l'altérant , la rendent-ils sombre & farouche : les craintes & l'effroi l'accompagnent-ils ; combat-elle la fermeté , le courage & la liberté de l'esprit , c'est entre leurs mains un dangereux topique , & l'on remarque à la longue que ce précieux reméde mal-à-propos administré est pire que le mal. La considération effrayante de l'étendue de nos devoirs , un examen austere des mortifications qui nous font prescrites & la vûe des gouffres ouverts pour les infracteurs de la Loi ne font pas toujours & en tout tems ni pour toutes sortes de personnes indistinctement des objets propres à calmer les agitations de l'esprit *. Le tempérament ne peut qu'em-

* Toute cette Doctrine répond exactement à la conduite de nos Directeurs éclairés qui

pirer, & ſes aigreurs fermenter & s'accroître par la noirceur de ces réflexions.
Si par avis, par crainte ou par beſoin,
la victime de ces idées mélancholiques
cherche quelque diverſion à leur ob-
ſeſſion ; ſi elle affecte le repos & la
joye : qu'importe au fond ? Tant qu'elle
ne ſe déſiſtera point de ſa pratique ; ſon
cœur ſera toujours le même : elle n'aura
que changé de grimace. Le Tigre eſt
enchaîné pour un moment, ſes actions
ne décelent pas actuellement ſa férocité;
mais en eſt-il plus ſoûmis ? Si vous briſez
ſa chaîne en ſera-t'il moins cruel ? Non,
certes. Qu'a donc opéré la Religion ſi

ſçavent parfaitement, ſelon les tempéramens &
les diſpoſitions diverſes des fidéles leur pré-
ſenter un Dieu vengeur ou miſéricordieux.
Faut-il effrayer un Scélérat ? ils ouvrent ſous
ſes pieds les gouffres infernaux : Eſt-il queſtion
de raſſurer une ame timorée ? c'eſt un Dieu
mourant pour ſon ſalut, qu'ils expoſent à ſes
yeux. Une conduite oppoſée achemineroit l'un
à l'impénitence, & l'autre à la folie.

mal-adroitement préfentée ? La Créature a le même fond de trifteffe : fes aigreurs n'en font que plus abondantes & plus importunes , & fes plaifirs intellectuels que plus languiffans & plus rares. Le Chien eft donc revenu à fon vomiffement ; mais plus maladif & plus dépravé.

Si l'on objecte qu'à la vérité dans des conjonctures défefpérantes , dans un délabrement d'affaires domeftiques , dans un cours inaltérable d'adverfités , les chagrins & la mauvaife humeur peuvent faifir & troubler le tempérament ; mais que ce défaftre n'eft pas à craindre dans l'aifance & la profpérité , & que les commodités journalieres de la vie & les faveurs habituelles de la fortune, font une barriere affez puiffante contre les attaques que le tempérament peut avoir à foutenir. Nous répondrons que plus la condition d'une Créature eft gracieufe, tranquille & douce ; plus les moindres contre-tems , les accidens les plus légers , & les plus frivoles chagrins font impatientans , défagréables & cuifans pour elle : que plus elle eft indépendante & libre ; plus il eft aifé de la mécontenter , de l'offenfer & de l'irriter , & que par conféquent plus elle a befoin du fecours des affections fociales pour fe garantir de la férocité. C'eft ce que l'exemple des tyrans dont le pouvoir fondé fur le crime ne fe foutient que par la terreur , prouve fuffifamment.

Quant à la tranquillité d'efprit. Voici comment on peut fe convaincre qu'il n'y a que les affections fociales qui puiffent procurer ce bonheur. On conviendra , fans doute , qu'une Créature telle que l'Homme , qui ne parvient que par un affez long exercice , à la maturité d'entendement & de raifon , a appuyé ou

appuye actuellement sur ce qui se passe
au-dedans d'elle-même , connoît son caractère,n'ignore point ses sentimens habituels , approuve ou désapprouve sa conduite , & a *jugé* ses affections. On sçait
encore que , si par elle-même elle étoit
incapable de cette recherche critique , on
ne manque pas dans la Société de gens
charitables , tout prêts à l'aider de leurs
lumiéres ; que les faiseurs de remontrances & les donneurs d'avis ne sont pas
rares , & qu'on en trouve autant & plus
qu'on n'en veut. D'ailleurs les Maîtres
du Monde & les Mignons de la Fortune
ne sont pas exempts de cette inspection
domestique. Toutes les impostures de la
flatterie se réduisent la plûpart du tems
à leur en familiariser l'usage , & ses faux
portraits à les rappeller à ce qu'ils sont
en effet. Ajoutez à cela que plus on a
de vanité & moins on se perd de vûe :

l'amour-propre eſt grand contemplateur de lui-même : mais quand une indifférence parfaite ſur ce qu'on peut valoir, rendroit pareſſeux à s'examiner ; les feints égards pour autrui & les déſirs inquiets & jaloux de réputation expoſeroient encore aſſez ſouvent notre conduite & notre caractère à nos réflexions. D'une ou d'autre façon, toute Créature qui penſe, eſt néceſſitée par ſa nature à ſouffrir la vûe d'elle-même & à avoir à chaque inſtant ſous ſes yeux les images errantes de ſes actions, de ſa conduite & de ſon caractère : ces objets qui lui ſont individuellement attachés, qui la ſuivent par-tout, doivent paſſer & repaſſer ſans ceſſe dans ſon eſprit : or, ſi rien n'eſt plus importun, plus fatiguant & plus fâcheux que leur préſence à celui qui manque d'affections ſociales ; rien n'eſt plus ſatisfaiſant, plus agréable &

plus doux pour celui qui les a foigneu-
fement confervées.

Deux chofes qui doivent horriblement
tourmenter toute Créature raifonnable ;
c'eft le fentiment intérieur d'une action
injufte, ou d'une conduite odieufe à fes
femblables ; ou le fouvenir d'une action
extravagante, ou d'une conduite préju-
diciable à fes intérêts & à fon bonheur.

De ces tourmens, c'eft le premier
qu'on appelle proprement en Morale ou
Théologie, Confcience. Craindre un
Dieu, ce n'eft pas avoir pour cela de
la Confcience. Pour s'effrayer des ma-
lins efprits, des fortiléges, des enchan-
temens, des poffeffions, des conjura-
tions & de tous les maux qu'une nature injufte, méchante & diabolique peut
infliger, ce n'eft pas en être plus conf-
cientieux. Craindre un Dieu, fans être
ni fe fentir coupable de quelqu'action

digne de blâme & de punition ; c'est
l'accuser d'injustice , de méchanceté ,
de caprice * & par conséquent c'est

* Cette proposition ne contredit point l'*omnis
homo mendax* ; elle ne signifie autre chose que
s'il y avoit quelqu'homme assez juste pour n'a-
voir aucun reproche à se faire , ses frayeurs seroient injurieuses à la Divinité. Quoi qu'il en
soit , je demanderois volontiers , si les iné-
galités dans la dévotion peuvent s'accorder avec
des notions constantes de la Divinité. Si votre
Dieu ne change point , pourquoi n'êtes-vous
pas ferme dans la même assiette d'esprit? Je ne
sçais , dites-vous , s'il me pardonnera les fautes
passées, & j'en fais tous les jours de nouvelles.
Etes-vous encore méchant? j'approuve vos allarmes & je suis étonné qu'elles ne soient pas continuelles. Mais n'êtes-vous plus injuste , menteur,
fourbe , avare , médisant , calomniateur? Qu'a-
vez-vous donc à craindre ? Si quelque ami
comblé de vos bienfaits vous avoit offensé ;
la sincérité de son retour vous laisseroit-elle
des sentimens de vengeance ? Point du tout.
Or , celui que vous adorez est-il moins bon
que vous ? votre Dieu est-il rancunier ? Non...
Mais je vois à votre peu de confiance que
vous n'avez pas encore une juste idée de ce
qui est moralement excellent ; vous ne con-
noissez pas ce qui convient ou ne convient
pas à un Etre parfait. Vous lui prêtez des
défauts dont l'honnête-homme tâche de se
défaire & dont il se défait effectivement à

craindre un Diable & non pas un Dieu. La crainte de l'Enfer & toutes les terreurs de l'autre monde ne marquent de la Conſcience , que quand elles ſont occaſionnées par un aveu intérieur des crimes que l'on a commis : mais ſi la Créature fait intérieurement cet aveu ; à l'inſtant la Conſcience agit , elle indique le châtiment ; & la Créature s'en effraye , quoique la Conſcience ne le lui rende pas évident.

La Conſcience religieuſe ſuppoſe donc la Conſcience naturelle & morale. La crainte de Dieu accompagne toujours celle-là ; mais elle tire toute ſa force de la connoiſſance du mal commis & de l'injure faite à l'Etre ſuprême , en préſence duquel , ſans égard pour la véné-

meſure qu'il devient meilleur ; & vous riſquez de l'injurier dans l'inſtant même où vous avez deſſein de lui rendre hommage.

ration que nous lui devons , nous avons osé le commettre. Car la honte d'avoir failli aux yeux d'un Etre si respectable, doit travailler en nous , même en faisant abstraction des notions particulieres de sa justice , de sa toute-puissance , & de la distribution future des récompenses & des châtimens.

Nous avons dit qu'aucune Créature ne fait le mal méchamment & de propos délibéré , sans s'avouer intérieurement digne de châtiment ; & nous pouvons ajouter en ce sens que toute Créature sensible a de la Conscience. Ainsi le méchant doit attendre & craindre de tous , ce qu'il reconnoît avoir mérité de chacun en particulier. De la frayeur de Dieu & des hommes , naîtront donc les allarmes & les soupçons. Mais le terme de Conscience , emporte quelque chose de plus dans toute Créature raisonnable.

fonnable. Il indique une connoiſſance de la laideur des actions puniſſables & une honte ſecrette de les avoir commiſes.

Il n'y a peut-être pas une Créature parfaitement inſenſible à la honte des crimes qu'elle a commis ; pas une qui ſe reconnoiſſe intérieurement digne de l'opprobre & de la haine de ſes ſemblables, ſans regret & ſans émotion * ; pas une qui parcoure ſa turpitude d'un œil indifférent. En tout cas , ſi ce Monſtre exiſte ; ſans paſſion pour le bien & ſans averſion pour le mal , il ſera d'un côté dénué de toute affection naturelle , & par conſéquent dans une indigence parfaite des plaiſirs intellectuels. De l'autre ,

---

* Le crime.....eſt le premier Bourreau
Qui dans un ſein coupable enfonce le Couteau.

Racin. Poem. ſur la Relig.

II. Partie.　　　　　　　　　O

il aura tous les penchans dénaturés dont une Créature peut être infectée. Manquer de Conscience, ou n'avoir aucun sentiment de la difformité du vice, c'est donc être souverainement misérable. Mais avoir de la Conscience & pécher contr'elle, c'est s'exposer, même ici bas, comme nous l'avons démontré, aux regrets & à des peines continuelles.

Un homme qui dans un premier mouvement, a le malheur de tuer son semblable, revient subitement à la vûe de ce qu'il a fait ; sa haine se change en pitié, & sa fureur se tourne contre lui-même. Tel est le pouvoir de l'objet. Mais il n'est pas au bout de ses peines : il ne retrouve pas sa tranquillité en perdant de vûe le cadavre : il entre ensuite en agonie ; le sang du mort coule derechef à ses yeux. Il est transi d'horreur, & le souvenir cruel de son action, le pourfuit en tout lieu. Mais fi l'on fuppofoit que cet Affaffin a vû expirer fon compagnon fans frémir, & qu'aucun trouble, qu'aucun remord, qu'aucune émotion n'a fuivi le coup; je dirois, ou qu'il ne refte à ce Scélérat aucun fentiment de la difformité du crime, qu'il eft fans affection naturelle; & par conféquent fans paix au-dedans de lui-même, & fans félicité : ou que s'il a quelque notion de beauté morale, c'eft un affemblage capricieux d'idées monftrueufes & contradictoires, un compofé d'opinions fantafques, une ombre défigurée de la Vertu; que ce font des préjugés extravagans qu'il prend pour le grand, l'héroïque & le beau des fentimens : or que ne fouffre point un homme dans cet état. Le phantôme qu'il idolâtre, n'a point de forme conftante; c'eft un prothée d'honneur qu'il ne fçait par où faisir , & dont la pourfuite le jette dans une infinité de perplexités , de travaux & de dangers. Nous avons démontré que la Vertu feule , digne en tout tems de notre eftime & de notre approbation , peut nous procurer des fatisfactions réelles. Nous avons fait voir que celui qui féduit par une Religion abfurde , ou entraîné par la force d'un ufage barbare , a proftitué fon hommage à des Etres qui n'ont de la Vertu que le nom , doit , ou par l'inconftance d'une eftime fi mal placée , ou par les actions horribles qu'il fera forcé de commettre , perdre tout amour de la juftice, & devenir parfaitement miférable ; ou, fi la Confcience n'eft pas encore muette , paffer des foupçons aux allarmes , marcher de trouble en trouble , & vivre en défefpéré. Il eft impoffible qu'un Enthoufiafte furieux , un Perfécuteur

plein de rage , un Meurtrier , un Duel-
lifte , un Voleur , un Pirate ou tout
autre ennemi des affections fociales &
du genre-humain , fuive quelques principes conftans , quelques loix invariables
dans la diftribution qu'il fait de fon
eftime & dans le jugement qu'il porte
des actions. Ainfi plus il attife fon zèle ,
plus il eft entêté d'honneur ; plus il dégrade fa nature ; plus fon caractère eft
dépravé. Plus il prend d'eftime & s'ex-
tafie d'admiration pour quelque pratique
vicieufe & déteftable , mais qu'il imagine grande , vertueufe & belle ; plus il
s'engage en contradictions, & plus infupportable de jour en jour lui deviendra fon
état. Car il eft certain qu'on ne peut
affoiblir une inclination naturelle ou
fortifier un penchant dénaturé , fans altérer l'œconomie générale des affections.
Mais la dépravation du caractere étant

toujours proportionnelle à la foiblesse
des affections naturelles & à *l'intensité*
des penchans dénaturés ; je conclus que,
plus on aura de faux principes d'honneur & de Religion , plus on fera mé-
content de foi-même & plus par conféquent on fera misérable.

Ainfi toutes notions marquées au
coin de la fuperftition ; tout caractère
oppofé à la juftice & tendant à l'inhumanité ; notions chéries , caractère af-
fecté foit par une fauffe Confcience ,
foit par un point d'honneur mal-enten-
du , ne feront qu'irriter cette autre
Confcience honnête & vraye , qui ne
nous paffe rien , auffi prompte à nous
punir de toute action mauvaife, par fes
reproches , qu'à nous récompenfer des
actes vertueux , par fon approbation &
fes éloges. Si celui qui , fous quelque
autorité que ce foit , commet un feul

crime , étoit excufable de l'avoir commis , il pourroit fe plonger en fûreté
de Confcience , dans des abominations
telles qu'il ne les imagine peut-être pas
fans horreur, toutes les fois qu'il aura
les mêmes garans de fon obéiffance.
Voilà ce qu'un moment de réflexion ne
manquera pas d'apprendre à quiconque
entraîné par l'exemple de fes femblables,
ou bien effrayé par des ordres fupérieurs,
fera tenté de prêter fa main à des actions
que fon cœur défapprouvera.

Quant au fouvenir du tort fait aux
vrais intérêts & au bonheur préfent par
une conduite extravagante & déraifon-
nable ; c'eft la feconde branche de la
Confcience. Le fentiment d'une difformité morale contractée par les crimes
& par les injuftices, n'affoiblit, ni ne
fufpend l'effet de cette importune réflexion ; car quand le méchant ne rougiroit

pas en lui-même de fa dépravation , il n'en reconnoîtroit pas moins , que par elle il a mérité la haine de Dieu & des Hommes. Mais une Créature dépravée n'eût elle pas le moindre foupçon de l'exiftence d'un Etre fuprême , en confidérant toutefois que l'infenfibilité pour le Vice & pour la Vertu fuppofe un défordre complet dans les affections naturelles , défordre que la diffimulation la plus profonde ne peut dérober ; on conçoit qu'avec ce malheureux caractère, elle n'aura pas grande part dans l'eftime, l'amitié , & la confiance de fes femblables , & que par conféquent elle aura fait un préjudice confidérable à fes intérêts temporels & à fon bonheur actuel. Qu'on ne dife pas que la connoiffance de ce préjudice lui échappera : elle verra tous les jours avec regret & jaloufie les maniéres obligeantes, affectueufes , honorables, dont les honnêtes-gens se comblent réciproquement. Mais puisque par-tout où l'affection sociale est éteinte, il y a nécessairement dépravation ; le trouble & les aigreurs doivent accompagner cette conscience intéressée ou le sentiment intérieur du tort qu'une conduite folle & dépravée a porté aux vrais intérêts & à la félicité temporelle.

Par tout ce que nous avons dit, il est aisé de comprendre combien le bonheur dépend de l'œconomie des affections naturelles. Car si la meilleure partie de la félicité consiste dans les plaisirs intellectuels, & si les plaisirs intellectuels découlent de l'intégrité des affections sociales ; il est évident que quiconque jouit de cette intégrité, possede les sources de la satisfaction intérieure ; satisfaction qui fait tout le bonheur de la vie.

Quant aux plaisirs du corps & des sens , c'est bien peu de chose ; c'est une foible satisfaction , si les affections sociales ne la relévent & ne l'animent.

Bien vivre ne signifie chez certaines gens que bien boire & bien manger. Il me semble que c'est faire beaucoup d'honneur à ces Messieurs que de convenir avec eux que vivre ainsi , c'est se presser de vivre ; comme si c'étoit se presser de vivre que de prendre des précautions exactes pour ne jouir presque point de la vie. Car si notre calcul est juste , cette sorte de voluptueux glisse sur les grands plaisirs avec une rapidité qui leur permet à peine de les effleurer.

Mais quelque piquans que soient les plaisirs de la table ; quelqu'utile que le palais soit au bonheur , & quelque pro-

fonde que soit la science des bons repas ; il est à présumer que je ne sçais
quelle ostentation d'élégance dans la façon d'être servi, & que la gloire d'exceller
dans l'art de bien traiter son monde, font
dans les gens de plaisir la haute idée qu'ils
ont de leurs voluptés : car l'ordonnance
des services , l'assortiment des mets ,
la richesse du buffet , & l'intelligence
du Cuisinier mis à part , le reste ne
vaut presque pas la peine d'entrer en
ligne de compte , de l'aveu même de
ces Epicuriens.

La débauche qui n'est autre chose
qu'un goût trop vif pour les plaisirs des
sens , emporte avec elle idée de société.
Celui qui s'enferme pour s'enyvrer ,
passera pour un sot, mais non pour un
débauché. On traitera ses excès de cra-
pule , mais non de libertinage. Les
femmes débauchées ; je dis plus , les

derniéres des Proſtituées n'ignorent pas combien il importe à leur commerce de perſuader ceux à qui elles livrent ou vendent leurs charmes , que le plaiſir eſt réciproque & qu'elles n'en reçoivent pas moins qu'elles en donnent. Sans cette imagination qui ſoutient , le reſte ſeroit miſérable , même pour les plus groſſiers libertins.

Y a-t'il quelqu'un qui ſeul & ſéparé de tout commerce , puiſſe ſe procurer, concevoir même quelque ſatisfaction durable ? quel eſt le plaiſir des ſens capable de tenir contre les ennuis de la ſolitude ? quelqu'exquis qu'on le ſuppoſe, y a-t'il homme qui ne s'en dégoûte, s'il ne peut s'en rendre la poſſeſſion agréable en le communiquant à un autre ? qu'on faſſe des ſyſtêmes tant qu'on voudra ? qu'on affecte pour l'approbation de ſes ſemblables , tout le mépris imaginable ? que pour affujettir la nature à des principes d'intérêt injurieux & nuifibles à la Société, on fe tourmente de toute fa force : fes vrais fentimens éclateront : à travers les chagrins, les troubles, & les dégouts, on dévoilera tôt ou tard les fuites funeftes de cette violence, le ridicule d'un pareil projet, & le châtiment qui convient à d'auffi monftrueux efforts.

Les plaifirs des fens, ainfi que les plaifirs de l'efprit, dépendent donc des affections fociales : où manquent ces inclinations, ils font fans vigueur & fans force, & quelquefois même ils excitent l'impatience & le dégoût : ces fenfations fources fécondes de douceurs & de joye, fans eux ne rendent qu'aigreurs & que mauvaife humeur, & n'apportent que fatiété & qu'indifférence. L'inconftance des appétits & la bizarrerie des goûts fi remarquables en tous ceux dont le fentiment n'affaifonne pas les plaifirs, en font des preuves fuffifantes. La communication foutient la gayeté: le partage anime l'amour. La paffion la plus vive ne tarde pas à s'éteindre, fi je ne fçais quoi de réciproque, de généreux & de tendre, ne l'entretient: fans cet affaifonnement la plus raviffante beauté feroit bien-tôt délaiffée. Tout amour qui n'a de fondement que dans la jouiffance de l'objet aimé, fe tourne bientôt en averfion: l'effervefcence des defirs commence, & la fatiété que fuivent les dégoûts, achéve de tourmenter ceux qui fe livrent aux plaifirs avec emportement. Leurs plus grandes douceurs font réfervées pour ceux qui fçavent fe modérer. Toutefois ils font les premiers à convenir du vuide qu'ils y trouvent. Les hommes fobres goutent les plaifirs

des fens dans toute leur excellence , &
ils font tous d'accord que , fans une
forte teinture d'affection fociale , ils ne
donnent aucune fatisfaction réelle.

Mais avant que de finir cette Section , nous allons remettre pour la derniere fois le penchant focial dans la
balance & pefer en gros les avantages de
l'intégrité & les fuites fâcheufes du défaut de poids dans cette affection.

On eft fuffifamment inftruit des foins
néceffaires au bien-être de l'animal ,
pour fçavoir que fans l'action , fans le
mouvement & les exercices , le corps
languit & fuccombe fous les humeurs
qui l'oppreffent , que les nourritures
ne font alors qu'augmenter fon infirmité;
que les efprits qui manquent d'occupation au-dehors , fe jettent fur les parties
intérieures & les confument ; enfin que
la Nature devient elle-même fa propre

proye & se dévore. La santé de l'ame demande les mêmes attentions : cette partie de nous-mêmes a des exercices qui lui sont propres & nécessaires : si vous l'en privez , elle s'appésantit & se détraque. Détournez les affections & les pensées de leurs objets naturels; elles reviendront sur l'esprit & le rempliront de désordre & de trouble.

Dans les animaux & les autres Créatures à qui la Nature n'a pas accordé la faculté de penser dans ce degré de perfection que l'homme posséde ; telle a du moins été sa prévoyance que la quête journaliere de leur vie , leurs occupations domestiques & l'intérêt de leur espece consument tout leur tems, & qu'en satisfaisant à ces fonctions différentes, la passion les met toujours dans une agitation proportionnée à leur constitution. Qu'on tire ces Créatures de

leur

leur état laborieux & naturel & qu'on les place dans une abondance qui fa-tisfaffe fans peine & avec profufion à tous leurs befoins ? Leur tempérament ne tardera pas à fe reffentir de cette luxurieufe oifiveté, & leurs facultés à fe dépraver dans cette commode ina-ction. Si on leur accorde la nourriture à meilleur marché que la Nature ne l'a-voit entendu, elles racheteront bien ce petit avantage par la perte de leur faga-cité naturelle, & de prefque toutes les vertus de leur efpece.

Il n'eft pas néceffaire de démontrer cet effet par des exemples.. Quiconque a la moindre teinture d'hiftoire naturel-le ; quiconque n'a pas dédaigné tout-à-fait d'obferver la conduite des animaux, & de s'inftruire de leur façon de vivre & de conferver leur efpéce, a dû remar-quer, fans fortir du même fyftême,

II. Partie. P

une grande différence entre l'adreſſe des animaux ſauvages & celle des animaux apprivoiſés. On peut dire que ceux-ci ne ſont que des bêtes en comparaiſon de ceux-là. Ils n'ont ni la même induſtrie, ni le même inſtinct. Ces qualités ſeront foibles en eux, tant qu'ils reſteront dans un eſclavage aiſé : mais leur rend-on la liberté ? rentrent-ils dans la néceſſité de pourvoir à leurs beſoins ? ils recouvrent toutes leurs affections naturelles, & avec elles, toute la ſagacité de leur eſpece. Ils reprennent dans la peine toutes les vertus qu'ils avoient oubliées dans l'aiſance : ils s'uniſſent entr'eux plus étroitement : ils montrent plus de tendreſſe pour leurs petits ; ils prévoyent les ſaiſons : ils mettent en uſage toutes les reſſources que la Nature leur ſuggere pour la conſervation de leur eſpece, contre l'in-

commodité des tems & les rufes de leurs
ennemis. Enfin l'occupation & le travail
les remettent dans leur bonté naturelle ;
& la nonchalence & les autres vices, les
abandonnent avec l'abondance & l'oifiveté.

Entre les Hommes, l'indigence con-
damne les uns au travail ; tandis que
d'autres dans une abondance complette
s'engraiffent de la peine & de la fueur
des premiers. Si ces opulens ne fu-
pléent par quelque exercice convenable
aux fatigues du corps dont ils font dif-
penfés par état ; fi loin de fe livrer à
quelque fonction honnête par elle-même
& profitable à la Société, telles que la
littérature, les fciences, les arts, l'agri-
culture, l'œconomie domeftique, ou
les affaires publiques, ils regardent avec
mépris toute occupation en général ; s'ils
trouvent qu'il eft beau de s'enfévelir dans

une oiſiveté profonde & de s'aſſoupir dans une moleſſe ennemie de toute affaire ; il n'eſt pas poſſible qu'à la faveur de cette nonchalence habituelle les paſſions n'exercent tous leurs caprices , & que dans ce ſommeil des affections ſociales , l'eſprit qui conſerve toute ſon activité ne produiſe mille monſtres divers.

A quel excès la débauche n'eſt-elle pas portée dans ces villes qui ſont depuis long-tems le ſiége de quelqu'Empire ? Ces endroits peuplés d'une infinité de riches fainéans & d'une multitude d'ignorans illuſtres , ſont plongés dans le dernier débordement. Par-tout ailleurs où les hommes aſſujettis au travail dès la jeuneſſe , ſe font honneur d'exercer dans un âge plus avancé des fonctions utiles à la Société , il n'en eſt pas ainſi. Les déſordres habitans des

grandes Villes , des Cours , des Palais ,
de ces Communautés opulentes de Der-
vis oifeux , & de toute Société dans
laquelle la richeffe a introduit la fainéantife , font prefque inconnus dans
les Provinces éloignées , dans les petites
Villes , dans les familles laborieufes &
chez l'efpece de peuple qui vit de fon
induftrie.

Mais fi nous n'avons rien avancé jufqu'à-prefent fur notre conftitution intérieure qui ne foit dans la vérité ; fi
l'on convient que la Nature a des loix
qu'elle obferve avec autant d'exactitude
dans l'ordonnance de nos affections ,
que dans la production de nos membres
& de nos organes ; s'il eft démontré que
l'exercice eft effentiel à la fanté de l'a-
me , & que l'ame n'a point d'exercice
plus falutaire que celui des affections
fociales ; on ne pourra nier que , fi ces

affections font pareffeufes ou léthargi-
ques, la conftitution intérieure ne doive
fouffrir & fe déranger. On aura beau
faire un art de l'indolence, de l'infenfibilité & de l'indifférence, s'envelopper
dans une oifiveté fyftématique & raifon-
née ; les paffions n'en auront que plus de
facilité pour forcer leur prifon, fe mettre
en pleine liberté, & fémer dans l'efprit le
défordre, le trouble & les inquiétudes.
Privées de tout emploi naturel & honnête, elles fe répandront en actions ca-
pricieufes, folles, monftrueufes & dénaturées. La balance qui les tempéroit fera bientôt détruite & l'architecture intérieure s'écroulera de fond en comble.

Ce feroit avoir des idées bien imparfaites de la méthode que la Nature obferve dans l'organifation des animaux,
que d'imaginer qu'un auffi grand appui, qu'une colonne auffi confidéra-

ble dans l'édifice intérieur , que l'eſt l'œconomie des affections , peut être abattue ou ébranlée ſans entraîner l'édifice avec elle ou le menacer d'une ruine totale.

Ceux qui ſeront initiés dans cette architecture morale , y remarqueront un ordre , des parties , des liaiſons , des proportions & un édifice , tel qu'une paſſion ſeule trop étendue ou trop pouſſée affoiblit ou ſurcharge le reſte & tend à la ruine du Tout. C'eſt ce qui arrive dans le cas de la phrénéſie & de l'a-liénation. L'eſprit trop violemment af-fecté d'un objet triſte ou gai , ſuccombe ſous ſon effort, & ſa chûte ne prouve que trop bien la néceſſité du contrepoids & de la balance dans les affections. Ils diſtingueront dans les Créatures différens ordres de paſſions , pluſieurs eſpeces d'inclinations , & des penchans variés

selon la différence des sexes, des organes & des fonctions de chacune. Ils
s'appercevront que, dans chaque systême, l'énergie & la diversité des causes
répondent toujours exactement à la grandeur & à la diversité des effets à produire, & que la constitution & les forces
extérieures déterminent absolument l'œ-
conomie intérieure des affections. De
sorte que par-tout, où l'excès ou la
foiblesse des affections ; l'indolence ou
l'impétuosité des penchans ; l'absence
des sentimens naturels ou la présence
de quelques passions étrangéres, caracté-
riseront deux especes rassemblées &
confondues dans le même individu, il
doit y avoir imperfection & désordre.

Rien de plus propre à confirmer notre systême que la comparaison des Etres
parfaits, avec ces Créatures originellement imparfaites, estropiées entre les

mains de la Nature & défigurées par quelqu'accident qu'elles ont effuyé dans la matrice qui les a produites. Nous appellons production monftrueufe, le mélange de deux efpeces, un compofé de deux fexes. Pourquoi donc, celui dont la conftitution intérieure eft défigurée & dont les affections font étrangéres à fa nature, ne feroit-il pas un monftre ? Un animal ordinaire nous paroît monftrueux & dénaturé, quand il a perdu fon inftinct, quand il fuit fes femblables, lorfqu'il néglige fes petits & pervertit la deftination des talens ou des organes qu'il a reçûs. De quel œil devons-nous donc regarder, de quel nom appeller un homme qui manque des affections convenables à l'efpece humaine, & qui décele un génie & un caractère contraire à la nature de l'homme ?

Mais quel malheur n'eft-ce pas pour

une Créature deftinée à la Société, plus particuliérement qu'aucune autre, d'être dénuée de ces penchans qui la porteroient au bien & à l'intérêt général de fon efpece ? car il faut convenir qu'il n'y en a point de plus ennemie de la folitude que l'homme dans fon état naturel. Il eft entraîné malgré qu'il en ait à rechercher la connoiffance, la familiarité & l'eftime de fes femblables ; telle eft en lui la force de l'affection fociale, qu'il n'y a ni réfolution , ni combat , ni violence, ni précepte qui le retiennent ; il faut ou céder à l'énergie de cette paffion , ou tomber dans un abattement affreux & dans une mélancolie qui peut être mortelle.

L'Homme infociable , ou celui qui s'exile volontairement * du Monde &

* Il n'eft point ici queftion de ces pieux Solitaires que l'efprit de pénitence , la crainte

qui rompant tout commerce avec la Société en abjure entiérement les devoirs, doit être sombre, triste, chagrin & mal constitué.

L'Homme féquestré, ou celui qui est féparé des hommes & de la Société, par accident ou par force, doit éprouver dans son tempérament, de funestes effets de cette féparation. La tristesse & la mauvaise humeur s'engendrent partout où l'affection fociale est éteinte ou réprimée : mais a-t'elle occasion d'agir en pleine liberté & de se manifester dans toute son énergie, elle transporte la Créature. Celui dont on a brisé les liens, qui renaît à la lumiere au fortir des dangers du monde, ou quelqu'autre motif autorisé par les conseils de Jesus-Christ & par les vûes sages de son Eglise, ont confiné dans des deferts. On confidere dans tout le cours de cet ouvrage (comme on l'a déja dit mille fois, quoiqu'il fût toujours aifé de s'en appercevoir) l'homme dans son état naturel & non fous la Loi de grace.

d'un cachot où il a été long-tems déte-
nu, n'est pas plus heureux dans les premiers momens de sa liberté. Il y a peu
de personnes qui n'ayent éprouvé la joye
dont on est pénétré, lorsqu'après une longue retraite, une absence considérable,
on ouvre son esprit, on décharge son
cœur, on épanche son ame dans le sein
d'un ami.

Cette passion se manifeste encore bien
clairement dans les personnes qui remplissent des postes éminens ; dans les
Princes, dans les Monarques & dans
tous ceux que leur condition met au-
dessus du commerce ordinaire des hommes, & qui pour se conserver leurs res-
pects, trouvent à propos de leur dérober leur personne & de laisser entre
les hommages & leur trône, une vaste
distance. Ils ne * sont pas toujours les

* Les Potentats Orientaux renfermés dans
l'intérieur de leur Sérail, se montrent rarement

mêmes : cette affectation se dément dans le domestique. Ces ténébreux Monarques de l'Orient, ces fiers Sultans, se rapprochent de ceux qui les environnent, se livrent & se communiquent : on remarque, à la vérité, qu'ils ne s'adressent pas ordinairement aux plus honnêtes-gens ; mais qu'importe à la certitude de nos propositions ? Il suffit que soûmis à la commune loi, ils ayent besoin de confidents & d'amis. Que des gens

à leurs Sujets & jamais qu'avec une suite & un appareil propres à imprimer la terreur. Plongés dans les voluptés, à qui livrent-ils leur confiance ? à un Eunuque ministre de leurs plaisirs, à un flatteur, à un vil Officier que la bassesse de sa naissance ou de son emploi dispense d'avoir des sentimens. Il n'est pas rare de voir un Valet du Sérail passer de dignités en dignités jusqu'à celle de Visir, devenir le fléau des Peuples, & finir par une mort tragique dans ces révoltes ordinaires à Constantinople où le Ministre est aussi lâchement abandonné par son Maître & sacrifié à la fureur des rebelles, qu'il en fut aveuglément élevé à une place où l'on ne devroit jamais faire asseoir que le Mérite & la Vertu.

fans aucun mérite , que des efclaves , que des hommes tronqués , que les mortels quelquefois les plus vils & les plus méprifables , rempliffent ces places d'honneur & foient érigés en favoris ? l'énergie de l'affection fociale n'en fera que plus marquée. C'eft pour des monf-tres que ces Princes font hommes : ils s'inquiettent pour eux ; c'eft avec eux qu'ils fe déployent ; qu'ils font ouverts , libres , fincéres & généreux : c'eft en leurs mains qu'ils fe plaifent quelquefois à dépofer leur Sceptre. Plaifir franc & défintéreffé , & même en bonne poli-tique , la plûpart du tems oppofé à leurs vrais intérêts ; mais toujours au bonheur de leurs Sujets. C'eft dans ces contrées où l'amour des Peuples ne difpofe point du Monarque , mais la foibleffe pour quelque vile Créature ; c'eft dans ces contrées , dis-je , qu'on voit l'étendart de la tyrannie arboré dans toutes fes couleurs : le Prince devient fombre, méfiant & cruel ; fes Sujets reffentent l'effet de ces paffions, horribles mais néceffaires fupports d'une Couronne environnée de nuages épais & couverte d'une obfcurité qui la dérobe éternellement aux yeux, à l'accès & à la tendreffe. Il eft inutile d'appuyer cette réflexion du témoignage de l'Hiftoire.

D'où l'on voit quelle eft la force de l'affection fociale ; à quelle profondeur elle eft enracinée dans notre nature ; par combien de branches elle eft entrelaffée avec les autres paffions, & jufqu'à quel point elle eft néceffaire à l'œconomie des penchans & à notre félicité.

Il eft donc vrai que le grand & principal moyen d'être bien avec foi ; c'eft d'avoir les affections fociales, & que manquer de ces penchans, c'eft être miférable ; ce que j'avois à démontrer.

SECTION SECONDE.

Nous avons maintenant à prouver que la violence des affections privées rend la Créature malheureuse.

Pour procéder avec quelque méthode , nous remarquerons d'abord que toutes les paſſions relatives à l'intérêt particulier & à l'œconomie privée de la Créature, ſe réduiſent à celles-ci. L'amour de la vie. Le reſſentiment des injures. L'amour des femmes & des autres plaiſirs des ſens. Le déſir des commodités de la vie. L'émulation ou l'amour de la gloire & des applaudiſſemens. L'indolence ou l'amour des aiſes & du repos. C'eſt dans ces penchans relatifs au ſyſtême individuel que conſiſtent l'intérêt & l'amour-propre.

Ces affections modérées & retenues dans de certaines bornes , ne ſont par elles-

elles-mêmes ni injurieuses à la Société, ni contraires à la Vertu morale. C'est leur excès qui les rend vicieuses. Estimer la vie plus qu'elle ne vaut ; c'est être lâche. Ressentir trop vivement une injure ; c'est être vindicatif. Aimer le sexe & les autres plaisirs des sens, avec excès ; c'est être luxurieux. Poursuivre avec avidité les richesses ; c'est être avare. S'immoler aveuglément à l'honneur & aux applaudissemens ; c'est être ambitieux & vain. Languir dans l'aisance, & s'abandonner sans réserve au repos ; c'est être paresseux. Voilà le point ou les passions privées deviennent nuisibles au bien général ; & c'est aussi dans ce dégré *d'intensité* qu'elles sont pernicieuses à la Créature elle-même. Comme on va voir en les parcourant chacune en particulier.

Si quelqu'affection privée pouvoit balancer les penchans généraux, sans préjudicier au bonheur particulier de la Créature ; ce seroit sans contredit, l'amour de la vie. Qui croiroit cependant qu'il n'y en a aucune dont l'excès produise de si grands désordres & soit plus fatal à la félicité ?

Que la vie soit quelquefois un malheur ; c'est un fait généralement avoué. Quand une Créature en est réduite à désirer sincérement la mort ; c'est la traiter avec rigueur que de lui commander de vivre *. Dans ces conjonctures, quoique la Religion & la raison retiennent le bras & ne permettent pas de finir ses maux en terminant ses jours,

* Sans compter toutes ces catastrophes désespérantes qui rendent la vie insupportable ; l'amour de Dieu produit le même effet : *Cupio dissolvi, & esse cum Christo*, disoit S. Paul. Mais si Judas l'Apôtre, après avoir trahi son Maître, se fût contenté de désirer la mort, il auroit prononcé sur lui-même le jugement que Jesus-Christ en avoit déja porté.

s'il se présente quelqu'honnête & plausi-
ble occasion de périr , on peut l'embrasser sans scrupule. C'est dans ces cir-
constances que les parens & les amis
se réjouissent avec raison de la mort
d'une personne qui leur étoit chere ;
quoiqu'elle ait eû peut-être la foiblesse
de se refuser au danger & de prolonger
son malheur autant qu'il étoit en elle.

Puisque la nécessité de vivre est quelquefois un malheur ; puisque les infirmités de la vieillesse , rendent communément la vie importune ; puisqu'à tout
âge , c'est un bien que la Créature est
sujette à surfaire & à conserver à plus
haut prix qu'il ne vaut ; il est évident
que l'amour de la vie où l'horreur de
la mort peut l'écarter de ses vrais intérêts,
& la contraindre par son excès à devenir
la plus cruelle ennemie d'elle-même.

Mais quand on conviendroit qu'il est

de l'intérêt de la Créature de conferver
fa vie , dans quelque conjonéture & à
quelque prix que ce puiffe être ; on
pourroit encore nier qu'il fût de fon
bonheur d'avoir cette paffion dans un
degré violent. L'excès eft capable de
l'écarter de fon but & de la rendre in-
efficace : cela n'a prefque pas befoin de
preuve.Car quoi de plus commun que d'ê-
tre conduit par la frayeur dans le péril que
l'on fuyoit? que peut faire pour fa défenfe
& pour fon falut, celui qui a perdu la tête?
Or il eft certain que l'excès de la crainte
ôte la préfence d'efprit. Dans les grandes
& périlleufes occafions , c'eft le courage,
c'eft la fermeté qui fauve. Le brave
échappe à un danger qu'il voit : mais le
lâche fans jugement & fans défenfe fe hâte vers le précipice que fon trouble lui
dérobe & fe jette tête baiffée dans un malheur qui peut-être ne venoit point à lui.

Quand les fuites de cette paffion ne feroient pas auffi fâcheufes que nous les avons repréfentées ; il faudroit toujours convenir qu'elle eft pernicieufe en elle-même , fi c'eft un malheur que d'être lâche , & fi rien n'eft plus trifte que d'être agité par ces fpectres & ces horreurs qui fuivent par-tout ceux qui redoutent la mort. Car ce n'eft pas feulement dans les périls & les hazards que cette crainte importune : lorfque le tempérament en eft dominé , elle ne fait point de quartier : on frémit dans la retraite la plus affurée ; dans le réduit le plus tranquille on s'éveille en furfaut. Tout fert à fes fins ; aux yeux qu'elle fafcine , tout objet eft un monftre : elle agit dans le moment où les autres s'en apperçoivent le moins : elle fe fait fentir dans les occafions les plus imprévûes : il n'y a point de divertiffements si bien préparés , de parties si délicieufes , de quarts-d'heure si voluptueux qu'elle ne puiffe déranger , troubler , empoifonner. On pourroit avancer qu'en eftimant le bonheur , non par la poffeffion de tous les avantages auxquels il eft attaché ; mais par la fatisfaction intérieure que l'on reffent , rien n'eft plus malheureux qu'une Créature lâche & peureufe. Mais fi l'on ajoute à tous ces inconvéniens , les foibleffes occafionnées & les baffeffes exigées par un amour exceffif de la vie ; fi l'on met en compte toutes ces actions fur lefquelles on ne revient jamais qu'avec chagrin , quand on les a commifes , & qu'on ne manque jamais de commettre , quand on eft lâche ; fi l'on confidere la trifte néceffité de fortir perpétuellement de fon affiette naturelle & de paffer de perplexité en perplexité , il n'y aura

point de Créature affez vile pour trouver quelque fatisfaction à vivre à ce
prix. Et quelle fatisfaction pourroit-elle
y trouver ? Après avoir facrifié la Vertu, l'honneur, la tranquillité & tout ce
qui fait le bonheur de la vie.

Un amour exceffif de la vie eft donc
contraire aux intérêts réels & au bonheur de la Créature.

Le reffentiment eft une paffion fort
différente de la crainte ; mais qui dans
un degré modéré n'eft ni moins néceffaire à notre fûreté, ni moins utile à notre confervation. La crainte nous porte
à fuir le danger : le reffentiment nous
raffure contre lui & nous difpofe à re-
pouffer l'injure qu'on nous fait ou à ré-
fifter à la violence qu'on nous prépare.
Il eft vrai que dans un caractere vertueux, que dans une parfaite œconomie
des affections, les mouvemens de la

crainte & du reſſentiment ſont trop
foibles pour former des paſſions. Le
brave eſt circonſpect ſans avoir peur,
& le ſage réſiſte ou punit ſans s'irriter.
Mais dans les tempéramens ordinaires,
la prudence & le courage peuvent s'al-
lier avec une teinture legére d'indigna-
tion & de crainte, ſans rompre la balance des affections. C'eſt en ce ſens qu'on
peut regarder la colere comme une
paſſion néceſſaire. C'eſt elle qui, par les
ſymptômes extérieurs dont ſes premiers
accès ſont accompagnés, fait préſumer
à quiconque eſt tenté d'en offenſer un
autre, que ſa conduite ne ſera pas im-
punie, & le détourne par la crainte
qu'elle imprime, de ſes mauvais deſſeins. C'eſt elle qui ſouleve la Créature
outragée & lui conſeille les repréſailles.
Plus elle eſt voiſine de la rage & du dé-
ſeſpoir, plus elle eſt terrible. Dans ces

extrémités , elle donne des forces &
une intrépidité dont on ne se croyoit pas
capable. Quoique le châtiment & le
mal d'autrui soient sa fin principale ,
elle tend aussi à l'intétêt particulier de
la Créature , & même au bien général
de son espece. Mais seroit-il nécessaire
d'exposer combien est funeste à son bonheur, ce qu'on entend communément
par colére , soit qu'on la considére comme un mouvement furieux qui transporte
la Créature , ou comme une impression
profonde qui suit l'offense & que le
désir de la vengeance accompagne
toujours.

On ne sera point surpris des suites
affreuses du ressentiment & des effets
terribles de la colére , si l'on conçoit
qu'en satisfaisant ces passions cruelles ,
on se délivre d'un tourment violent, on
se décharge d'un poids accablant & l'on

appaise un sentiment importun de misére.
Le vindicatif se hâte de noyer toutes
ses peines dans le mal d'autrui : l'ac-
complissement de ses désirs lui promet
un torrent de voluptés. Mais qu'est-ce
que cette volupté ? C'est le premier
quart-d'heure d'un Criminel qui sort de
la question : c'est la suspension subite
de ses tourmens, ou le répit qu'il ob-
tient de l'indulgence de ses Juges ou
plutôt de la lassitude de ses Bourreaux.
Cette perversité, ce rafinement d'inhumanité, ces cruautés capricieuses qu'on
remarque dans certaines vengeances ,
ne sont autre chose que les efforts continuels d'un malheureux qui tente de se
détacher de la roue : c'est un assouvisse-
ment de rage perpétuellement renou-
vellé.

Il y a des Créatures en qui cette
passion s'allume avec peine & s'éteint

plus difficilement encore , quand elle est une fois allumée. Dans ces Créatures , l'esprit de vengeance est une furie qui dort ; mais qui , quand elle est éveillée , ne se repose point qu'elle ne soit satisfaite : alors , son sommeil est d'autant plus profond , son repos paroît d'autant plus doux que le tourment dont elle s'est délivrée , étoit grand & que le poids dont elle s'est déchargée , étoit lourd. Si en langage de galanterie , la jouissance de l'objet aimé s'appelle avec raison , la fin des peines de l'amant ; cette façon de parler convient tout autrement encore au vindicatif. Les peines de l'amour sont agréables & flatteuses ; mais celles de la vengeance ne sont que cruelles. Cet état ne se conçoit que comme une profonde misére ; une sensation amére dont le fiel n'est tempéré d'aucune douceur.

Quant aux influences de cette paſſion ſur l'eſprit & ſur le corps, & à ſes funeſtes ſuites dans les différentes conjonctures de la vie, c'eſt un détail qui nous méneroit trop loin. D'ailleurs nos Miniſtres ſe ſont emparés de ces moralités analogues à la Religion, & nos ſacrés Rhéteurs en ſont retentir depuis ſi long-tems leurs Chaires & nos Temples, que pour ne rien ajouter à la ſatiété du genre-humain *, en anticipant ſur leurs droits, nous n'en dirons pas davantage. Auſſi-bien, ce qui précede ſuffit pour démontrer qu'on ſe rend malheureux en ſe livrant à la colére, & que l'habitude de ce mouvement eſt une de ces maladies de tempérament,

* Ce trait tombe ſur l'Egliſe Anglicane qui peut ſe flatter d'être féconde en mauvais Prédicateurs. Les Flechiers, les Boſſuets, les Bourdaloües, & une infinité d'autres écarteront à jamais ce reproche de l'Egliſe Gallicane.

inféparables du malheur de la Créature.

Paffons à la volupté & à ce qu'on appelle les plaifirs. S'il étoit auffi vrai, que nous avons démontré qu'il eft faux, que la meilleure partie des joyes de la vie confifte dans la fatisfaction des fens ; fi de plus cette fatisfaction eft attachée à des objets extérieurs capables de procurer par eux-mêmes, & en tout tems des plaifirs proportionnés à leur quantité & à leur valeur ; un moyen infaillible d'être heureux, ce feroit de fe pourvoir abondamment de ces chofes précieufes qui font néceffairement la félicité. Mais qu'on étende tant qu'on voudra l'idée d'une vie délicieufe ; toutes les reffources de l'opulence ne fourniront jamais à notre efprit un bonheur uniforme & conftant. Quelque facilité qu'on ait de multiplier les agrémens, en acquérant tout ce que peut exiger le caprice des sens : c'est autant de bien perdu , si quelque vice dans les facultés intérieures , si quelque défaut dans les dispositions naturelles en altére la jouissance.

On remarque que ceux dont l'intempérance & les excès ont ruiné l'estomac , n'en ont pas moins d'appétit ; mais c'est un appétit faux & qui n'est point naturel. Telle est la foif d'un yvrogne ou d'un fiévreux. Cependant la fatisfaction de l'appétit naturel ; en un mot le foulagement de la foif & de la faim , est infiniment fupérieur à la fenfualité des repas fuperflus de nos Petrones les plus érudits & de nos plus rafinés voluptueux. C'est une différence qu'ils ont eux-mêmes quelquefois éprouvée : que ce Peuple Epicurien accoutumé à prévenir l'appétit , fe trouve forcé par quelque circonftance particuliére ,

de l'attendre & de pratiquer la fobriété :
qu'il arrive à ces délicats de ne trouver
dans un fouper de voyageur ou dans un
déjeuner de chaffe que quelques mets
communs & groffiers pour ces palais
friands , mais affaifonnés par la diette
& par l'exercice ; après avoir mangé
d'appétit, ils conviendront avec frahchi-
fe que la table la mieux fervie ne leur
a jamais fait tant de plaifir.

D'un autre côté, il n'eft pas extraordinaire d'entendre des perfonnes qui ont
effayé d'une vie laborieufe & pénible,
& d'une table fimple & frugale , re-
gretter dans l'oifiveté des richeffes &
au milieu des profufions de la fomptuofité , l'appétit & la fanté dont ils jouif-
foient dans leur premiere condition. Il
eft conftant qu'en violentant la nature,
en forçant l'appétit & en provoquant les
fens , la délicateffe des organes fe perd.

Ce défaut corrompt ensuite les mets les plus exquis , & l'habitude achéve bientôt d'ôter aux choses toute leur excellence. Qu'arrive-t'il de-là ? que la privation en devient plus cuisante & la possession moins douce. Les nausées , de toutes les sensations les plus disgracieuses , ne quittent point les intempérans : une réplétion apoplectique & des sensations usées répandent les aigreurs & le dégoût sur tout ce qu'on leur présente. De sorte qu'au lieu de l'éternité de délices qu'ils attendoient de leurs somptuosités , ils n'en recueillent qu'infirmités , maladies , insensibilité d'organes & inaptitude aux plaisirs. Tant il est faux que vivre en Epicurien, ce soit user du tems & tirer bon parti de la vie.

Il est inutile de s'étendre sur les suites fâcheuses de la somptuosité : on peut

concevoir

concevoir par ce que nous en avons dit , qu'elle est pernicieuse au corps qu'elle accable d'infirmités , & fatale à l'esprit qu'elle conduit à la stupidité.

Quant à l'intérêt particulier de la Créature ; il est évident que ce cours effréné de desirs augmentera sa dépendance, en multipliant ses besoins : qu'elle ne tardera pas à trouver ses fonds , quelque considérables qu'ils soient , insuffisans pour les dépenses qu'ils exigeront : que , pour satisfaire à cette impérieuse somptuosité , il en faudra venir aux expédients , sacrifier peut-être son honneur à l'accroissement de ses revenus , & s'abaisser à mille infâmes manœuvres pour augmenter sa fortune. Mais à quoi bon m'occuper à démontrer le tort que le voluptueux se fait à lui-même ? laissons-le s'expliquer là-dessus *. Dans l'impoſſibilité de réſiſter au torrent qui l'entraîne, il déclarera en s'y abandonnant, qu'il s'apperçoit bien qu'il court à une ruine certaine. On a tous les jours l'occaſion d'entendre ces diſcours. J'en ai donc aſſez dit pour conclure que la volupté, la débauche & tout excès ſont contraires aux vrais intérêts & au bonheur préſent de la Créature.

Il y a une eſpece de luxure d'un ordre fort ſupérieur à celle dont nous avons parlé. La conſervation de l'eſpece eſt ſon but. Dans la rigueur, on ne peut la traiter de paſſion privée. Animée par l'amour & par la tendreſſe, ainſi que toute autre affection ſociale; aux plaiſirs d'eſprit qu'elle eſt en état de procurer comme elles, elle réunit

* *Nam veræ voces tùm demùm pectore ab imo Eliciuntur.* Lucr.

encore l'enchantement des sens. Telle
est l'attention de la Nature à l'entretien
de chaque syftême , que par une espece
de besoin animal , & par je ne sçais
quel sentiment intérieur d'indigence ,
qu'elle a placé dans les Créatures qui les
composent , elle convie les sexes à s'approcher & à s'occuper ensemble de la
perpétuité de leur espece. Mais est-il de
l'intérêt de la Créature d'éprouver cette
indigence dans un degré violent ? C'eft
le point que nous avons à discuter.

Nous en avons affez dit,& sur les appétits naturels & sur les penchans dénaturés,
pour glisser ici sans scrupule sur cet ar-
ticle. Si l'on convient qu'il y a dans la
pourfuite de tout autre plaisir , une dose
d'ardeur qu'on ne peut excéder , sans en
altérer la jouissance & sans préjudicier
ainfi à ses vrais intérêts ; par quelle sin-
gularité , celui-ci fortiroit-il de la loi gé-

nérale & ne reconnoîtroit-il point de limites ? Nous connoiffons d'autres fenfations ardentes , & qui éprouvées dans un certain degré font toujours voluptueufes , mais dont l'excès eft une peine infupportable. Tel eft le ris que le chatouillement excite : ce mouvement, *avec l'air de famille* & tous les traits du plaifir , n'en eft pas moins un tourment. C'eft la même chofe dans l'efpece de luxure dont nous parlons. Il y a des tempéramens pétris de falpêtre & de foufre , dans une fermentation continuelle & d'une chaleur qui produit dans le corps des mouvemens dont la fréquence & la durée conftituent une maladie qui a fon rang & fon nom dans la Médecine. Quand quelques groffiers voluptueux fe féliciteroient de cet état & s'y complairoient ; je doute que les délicats , que ceux qui font du plaifir & leur fouverain

bien & leur étude principale , s'accor-
daſſent avec eux ſur ce point.

Mais s'il y a dans toute ſenſation
voluptueuſe un point où le plaiſir finit
& la fureur commence : ſi la paſſion a des
limites qu'elle ne peut franchir ſans nuire
aux intérêts de la Créature ; qui déter-
minera ces limites ? qui fixera ce point ?
« La Nature , ſeule arbitre des choſes ».
Mais où prendre la Nature?.. « Où ? dans
» l'état originel des Créatures;dans l'hom-
» me dont une éducation vicieuſe n'aura
» point encore altéré les affections ».

Celui qui a eu le bonheur d'être
plié dès ſa jeuneſſe à un genre de vie
naturel , d'être inſtruit à la ſobriété ,
pourvû d'un talent honnête & garanti
des excès & de la débauche , exerce
ſur ſes appétits un pouvoir abſolu. Mais
ces eſclaves , pour être ſoûmis , n'en
ſont pas moins propres à ſes plaiſirs.

Au contraire, sains, vigoureux & pleins d'une force & d'une activité que l'intempérance & l'abus ne leur ont point ôtées, ils n'en remplissent que mieux leurs fonctions. Et si en ne supposant en deux Créatures d'autre différence dans les organes & les sensations, que celle qu'un régime de vie intempérant ou frugal peut y avoir produite ; il étoit possible de comparer par expérience la somme des plaisirs de part & d'autre ; je ne doute point que, sans égard pour les suites, en ne mettant en compte que la satisfaction seule des sens, on ne prononçât en faveur de l'homme sobre & vertueux.

Sans s'arrêter aux coups que cette phrénésie porte à la vigueur des membres & à la santé du corps ; le tort qu'elle fait à l'esprit est plus grand encore, quoique moins redouté. Une indifférence pour tout avancement, une confommation miférable du tems, l'indolence, la moleffe, la fainéantife, & la révolte d'une multitude d'autres paffions que l'efprit énervé, ftupide, abruti, n'a ni la force, ni le courage de maîtrifer. Voilà les effets palpables de cet excès.

Les défavantages que cette forte d'intempérance fait fupporter à la fociété, & les avantages qui reviennent au monde de la fobriété contraire, ne font pas moins évidens. De toutes les paffions, aucune n'exerce un plus févere defpotifme fur fes efclaves. Les tributs n'adouciffent point fon empire : plus on lui accorde, plus elle exige. La modeftie & l'ingénuité naturelles, l'honneur & la fidélité font fes premiéres victimes. Il n'y a point d'affections déréglées dont les caprices impétueux foulevent tant

d'orages & pouffent la Créature plus directement au malheur.

Quant à cette paffion qui mérite particuliérement le titre d'intéreffée ; puifqu'elle a pour but la poffeffion des
richeffes, les faveurs de la fortune &
ce qu'on appelle un Etat dans le monde.
Pour être avantageufe à la fociété &
compatible avec la Vertu, elle ne doit
exciter aucun defir inquiet. L'induftrie
qui fait l'opulence des Familles & la
puiffance des Etats, eft fille de l'intérêt. Mais fi l'intérêt domine dans la
Créature, fon bonheur particulier &
le bien public en fouffriront. La mifere
qui la rongera, vengera continuellement
l'injure faite à la fociété : car plus cruel
encore à lui-même qu'au genre-humain,
l'avare eft la propre victime de fon
avarice.

Tout le monde convient que l'avarice

& l'avidité font deux fléaux de la Créature. On fçait d'ailleurs que peu de chofes fuffifent à l'ufage & à la fubfiftance , & que le nombre des befoins feroit court , fi l'on permettoit à la frugalité de les réduire , & fi l'on s'exerçoit à la tempérance , à la fobriété & à un train de vie naturel , avec la moitié de l'application , des foins & de l'induftrie qu'on donne à la luxure & à la fomptuofité. Mais fi la tempérance eft avantageufe ; fi la modération confpire au bonheur ; fi les fruits en font doux , comme nous l'avons démontré plus haut ; quelle mifere n'entraîneront point à leur fuite les paffions contraires ? quel tourment n'éprouvera point une Créature rongée de défirs qui ne connoiffent de bornes ni dans leur effence , ni dans la nature de leur objet ? Car où s'arrêter ? y a-t'il dans cette immenfité de chofes qui peuvent exercer la cupidité, un point inacceſſible à l'effort & à l'étendue des ſouhaits ? quelle digue oppoſer à la ma-nie d'entaſſer, à la fureur d'accumuler revenus ſur revenus & richeſſes ſur ri-cheſſes.

De-là naît dans les avares cette in-quiétude que rien n'appaiſe ; jamais en-richis par leurs tréſors & toûjours ap-pauvris par leurs déſirs, ils ne trouvent aucune ſatisfaction en ce qu'ils poſſédent, & ſéchent, les yeux attachés ſur ce qui leur manque. Mais quel contentement réel pourroit éclorre d'un appétit ſi dé-réglé ? Etre dévoré de la ſoif d'acquérir ſoit honneurs, ſoit richeſſes ; c'eſt ava-rice, c'eſt ambition ; ce n'eſt point en jouir. Mais abandonnons ce vice à la haine & aux déclamations des hommes, chez qui avare & miſérable, ſont des mots ſynonimes, & paſſons à l'ambition.

Tout retentit dans le monde des défordres de cette paffion. En effet , lorfque l'amour de la louange excéde une
honnête émulation ; quand cet enthoufiafme franchit les bornes même de la
vanité ; lorfque le défir de fe diftinguer
entre fes égaux dégénere en un orgueil
énorme ; il n'y a point de maux que
cette paffion ne puiffe produire. Si nous
confidérons les prérogatives des caractères modeftes & des efprits tranquilles;
fi nous appuyons fur le repos , le bonheur & la fécurité qui n'abandonnent jamais celui qui fçait fe borner dans fon
état , fe contenter du rang qu'il occupe
dans la fociété , & fe prêter à toutes
les incommodités inhérentes à fa condition ; rien ne nous paroîtra ni plus raifonnable , ni plus avantageux que ces
difpofitions. Je pourrois placer ici l'é-
loge de la modération & relever fon

excellence en développant les désordres & les peines de l'ambition , en exposant le ridicule & le vuide de l'entêtement des titres , des honneurs , des prééminences , de la renommée, de la gloire , de l'estime du vulgaire , des applaudissemens populaires , & de tout ce qu'on entend par avantages personnels. Mais c'est un lieu commun auquel nous avons suppléé par la réflexion précédente.

Il est impossible que le désir des grandeurs s'élève dans une ame , devienne impétueux & domine la Créature, sans qu'elle soit en même-tems agitée d'une proportionnelle aversion pour la médiocrité. La voilà donc en proye aux soupçons & aux jalousies , soumise aux appréhensions d'un contre-tems ou d'un revers , & exposée aux dangers & à toute la mortification des refus. La pasfion défordonnée de la gloire, des emplois & d'un état brillant, anéantit donc tout repos & toute fécurité pour l'avenir, & empoifonne toute fatisfaction & toute commodité préfente.

Aux agitations de l'ambitieux, on oppofe ordinairement l'indolence & fes langueurs : toutefois ce caractère n'exclut ni l'avarice ni l'ambition. Mais l'une dort en lui & l'autre eft fans effet. Cette paffion léthargique eft un amour défordonné du repos qui décourage l'ame, engourdit l'efprit & rend la Créature incapable d'efforts, en groffiffant à fes yeux les difficultés dont les routes de l'opulence & des honneurs font parfemées. Le penchant au repos & à la tranquillité n'eft ni moins naturel, ni moins utile que l'envie de dormir ; mais un affoupiffement continuel ne feroit pas plus funefte au corps qu'une averfion générale pour les affaires , le feroit à l'efprit.

Or que le mouvement foit néceffaire à la fanté , on en peut juger par les tempéramens de l'homme fait à l'exercice , & de celui qui n'en a jamais pris ; ou par la conftitution mâle & robufte de ces corps endurcis au travail & la complexion efféminée de ces automates nourris fur le duvet. Mais la fainéantife ne borne pas fes influences au corps : en dépravant les organes , elle amortit les plaifirs fenfuels : des fens , la corruption fe tranfmet à l'efprit , & c'eft-là qu'elle excite bien un autre ravage. Ce n'eft qu'à la longue que la machine éprouve des effets fenfibles de l'oifiveté ; mais l'indolence afflige l'ame , tout en l'occupant : elle s'en empare avec les anxiétés , l'accablement , les ennuis , les aigreurs , les dégoûts & la mauvaife humeur : c'eft à ces mélancholiques compagnes qu'elle abandonne le tempérament : état dont nous avons parlé & exposé la misere, en établissant combien l'œconomie des affections est nécessaire au bonheur.

Nous avons remarqué que dans l'in-action du corps, les esprits animaux privés de leurs fonctions naturelles, se jettent sur la constitution, & détruisent leurs canaux en exerçant leur activité. Image fidelle de ce qui se passe dans l'ame de l'indolent. Les affections & les pensées détournées de leurs objets, & contraintes dans leur action, s'irritent & engendrent l'aigreur, la mélancholie, les inquiétudes & cent autres pestes du tempérament. Alors le Phlegme s'exhale : la Créature devient sensible, colére, impétueuse ; & dans ces dispositions in-flammables, la moindre étincelle suffit pour mettre tout en feu.

Quant aux intérêts particuliers de la Créature ; que ne risque-t'elle pas ? Etre environnée d'objets & d'affaires qui demandent de l'attention & des soins, & se trouver dans l'incapacité d'y pourvoir, quel état ! quelle foule d'inconvéniens de ne pouvoir s'aider soi-même & de manquer souvent de secours étrangers ? C'est le cas de l'indolent qui n'a jamais cultivé personne & à qui les autres sont d'autant plus nécessaires que dans l'ignorance de tous les devoirs de la société où son vice l'a retenu, il est plus inutile à lui-même. Ce penchant décidé pour la paresse, ce mépris du travail, cette oisiveté raisonnée est donc une source intarissable de chagrins, & par conséquent un puissant obstacle au bonheur.

Nous avons parcouru les affections privées, & remarqué les inconvéniens de leur

leur véhémence. Nous avons prouvé
que leur excès étoit contraire à la félicité, & qu'elles précipitoient dans une
misere actuelle la Créature qu'elles dé-
pravoient ; que leur empire ne s'accroif-
foit jamais qu'aux dépens de notre liberté, & que par leurs vûes étroites &
bornées, elles nous expofoient à contra-
cter ces difpofitions viles & fordides fi
généralement déteftées. Rien n'eft donc &
plus fâcheux en foi, & plus funefte dans
les conféquences, que de les écouter, que
d'en être l'efclave, & que d'abandonner
fon tempérament à leur difcrétion, &
fa conduite à leurs confeils.

D'ailleurs ce dévouement parfait de
la Créature à fes intérêts particuliers,
fuppofe une certaine fineffe dans le commerce, & je ne fçais quoi de fourbe
& de diffimulé dans la conduite & dans
les actions : & que deviennent alors la

II. Partie.   S

candeur & l'intégrité naturelle ? que deviennent la sincérité , la franchise & la droiture ? La confiance & la bonne foi s'anéantissent : les envies , les soupçons & les jalousies vont se multiplier à l'infini : de jour en jour les desseins particuliers s'étendront , & les vûes générales se rétréciront : on rompra insensiblement avec ses semblables , & dans cet éloignement de la société , où l'on sera jetté par l'intérêt , on n'appercevra qu'avec mépris les liens qui nous y tiennent attachés. C'est alors qu'on travaillera à réduire au silence & bientôt à extirper ces affections importunes qui ne cesseront de crier au fond de l'ame & de rappeller au bien général de l'espece , comme aux vrais intérêts ; c'est-à-dire , qu'on s'appliquera de toute sa force à se rendre parfaitement malheureux.

Or , laiffant à part les autres accidens que l'excès des affections privées
doit occafionner , fi leur but eft d'a-
néantir les affections générales ; il eft
évident qu'elles tendent à nous priver
de la fource de nos plaifirs & à nous inf-
pirer les penchans monftrueux & dénaturés qui mettroient le fceau à notre
mifere , comme on verra dans la Section
fuivante & derniére.

SECTION TROISIEME.

Il nous refte à examiner ces paffions
qui ne tendent ni au bien général , ni
à l'intérêt particulier , & qui ne font ni
avantageufes à la Société , ni à la Créature. Nous avons marqué leur oppofition aux affections fociales & naturelles,
en les nommant penchans fuperflus &
dénaturés.

De cette efpece eft le plaifir cruel

que l'on prend à voir des exécutions,
des tourmens, des défaſtres, des calamités, le ſang, le maſſacre & la deſtru-
ction. Ç'a été la paſſion dominante de
pluſieurs Tyrans & de quelques Nations
barbares. Les hommes qui ont renoncé à
cette politeſſe de mœurs & de maniéres
qui prévient la rudeſſe & la brutalité &
retient dans un certain reſpect pour le
genre-humain, y ſont un peu ſujets. Elle
perce encore où manquent la douceur &
l'affabilité. Telle eſt la nature de ce que
nous appellons bonne éducation, qu'entr'autres défauts elle proſcrit abſolument
l'inhumanité & les plaiſirs barbares. Se
complaire dans le malheur d'un ennemi;
c'eſt un effet d'animoſité, de haine, de
crainte ou de quelqu'autre paſſion inté-
reſſée : mais s'amuſer de la gêne & des
tourmens d'une Créature indifférente,
étrangere ou naturelle, de la même eſ-

pece ou d'une autre, amie ou ennemie, connue ou inconnue ; se repaître curieusement les yeux de son sang, & s'extasier dans ses agonies ; cette satisfaction ne suppose aucun intérêt ; aussi ce penchant est-il monstrueux, horrible & totalement dénaturé.

Une Teinte affoiblie de cette affection, c'est la satisfaction maligne que l'on trouve dans l'embarras d'autrui; espece de méchanceté brouillonne & folâtre qui consiste à se plaire dans le désordre ; disposition qu'on semble cultiver dans les enfans & qu'en eux on appelle Espiéglerie *. Ceux qui connoîtront un peu la nature de cette passion ne s'étonneront point de ses suites fâcheuses : ils seroient peut-être plus embarrassés à expliquer par quel prodige un enfant exercé entre les mains des femmes à se réjouir dans le désordre

* *Hæ nugæ in seria ducent mala.* Horat.

S iij

& le trouble, perd ce goût dans un âge plus avancé, & ne s'occupe pas à femer la diffenfion dans fa famille, à engendrer des querelles entre fes amis, & même à exciter des révoltes dans la Société. Mais heureufement cette inclination manque de fondement dans la nature, comme nous l'avons remarqué.

La malice, la malignité ou la mauvaife volonté feront des paffions dénaturées, fi le défir de mal-faire qu'elles infpirent, n'eft excité ni par la colere, ni par la jaloufie, ni par aucun autre motif d'intérêt.

L'envie qui naît de la profpérité d'une autre Créature, dont les intérêts ne croifent point les nôtres, eft une paffion de l'efpece des précédentes.

Mettez au même nombre la mifanthropie; efpece d'averfion qui a dominé dans

quelques perfonnes : elle agit puiffam-
ment chez ceux en qui la mauvaife humeur eft habituelle , & qui par une
nature mauvaife aidée d'une plus mauvaife éducation , ont contracté tant de
rufticité dans les maniéres & de dureté
dans les mœurs , que la vûe d'un étranger les offenfe. Le genre-humain eft
à charge à ces atrabilaires : la haine eft
toûjours leur premier mouvement. Cette
maladie de tempérament eft quelquefois
épidémique : elle eft ordinaire aux Nations fauvages , & c'eft un des principaux
caractères de la barbarie. On peut la regarder comme le revers de cette affection généreufe exercée & connue chez
les anciens fous le nom d'hofpitalité ;
Vertu qui n'étoit proprement qu'un
amour général du genre-humain qui fe
manifeftoit dans l'affabilité pour les étrangers.

S iiij

A ces paſſions ajoûtez toutes celles que les ſuperſtitions & des uſages barbares font éclorre : les actions qu'elles preſcrivent ſont trop horribles , pour ne pas occaſionner le malheur de ceux qui les révérent.

Je nommerois ici les amours dénaturés tant dans l'eſpece humaine que de celle-ci à une autre , avec la foule d'abominations qui les accompagnent ; mais ſans fouiller ces feuilles de cet infâme détail , il eſt aiſé de juger de ces appétits par les principes que nous avons poſés.

Outre ces paſſions qui n'ont aucun fondement dans les avantages particuliers de la Créature , & qu'on peut nommer ſtrictement penchans dénaturés ; il y en a quelques autres qui tendent à ſon intérêt , mais d'une façon ſi démeſurée , ſi injurieuſe au genre-humain , & ſi généralement déteſtée , que les pré-

cédentes ne paroiffent gueres plus monftrueufes.

Telle eft cette ambitieufe arrogance,
cette fierté tyrannique qui en veut à toute
liberté, & qui regarde toute profpérité
d'un œil chagrin & jaloux. Telle eft
cette * fombre fureur qui s'immoleroit
volontiers la Nature entiére ; cette noirceur qui fe repaît de fang & de cruautés
rafinées ; cette humeur fâcheufe qui ne
cherche qu'à s'exercer, & qui faifit
avec acharnement la moindre occafion

* On trouve dans la vie de Caligula des
exemples prefque uniques de cette paffion. Jaloux d'immortalifer fa mémoire par de vaftes
calamités, il envioit à Augufte le bonheur
d'une Armée entiere maffacrée fous fon Régne,
& à Tibere la chûte de l'amphitéâtre fous lequel cinquante mille ames périrent. S'étant avifé à la repréfentation de quelque piéce de Théâ-
tre d'applaudir mal-à-propos un Acteur que
le Peuple fiffla, Ah, fi tous ces gofiers,
s'écria-t'il, étoient fous une tête !.. Voilà
ce qu'on pourroit appeller le fublime de la
cruauté.

pour écraſer des objets quelquefois dignes de pitié.

Qant à l'ingratitude & à la trahiſon ;
ce ſont, à proprement parler, des vices
purement négatifs : ils ne caractériſent
aucun penchant : leur cauſe eſt indé-
terminée : ils dérivent de l'inconſiſtence
& du déſordre des affections en général. Lorſque ces taches ſont ſenſibles
dans un caractère ; lorſque ces ulcéres
s'ouvrent ſans ſujet ; quand la Créature
favoriſe par de fréquentes rechûtes les
progrès de cette gangrene , on peut
conjecturer à ces ſymptômes qu'elle eſt
infectée de quelque levain dénaturé ,
tel que l'envie , la malignité , la vengeance & les autres.

On peut objecter que ces affections
toutes dénaturées qu'elles ſont ne vont
point ſans plaiſir ; & qu'un plaiſir quelqu'inhumain qu'il ſoit , eſt toûjours un

plaifir , fût-il placé dans la vengeance ,
dans la malignité & dans l'exercice même
de la tyrannie. Cette difficulté feroit
fans réponfe , fi , comme dans les joyes
cruelles & barbares , on ne pouvoit arriver au plaifir qu'en paffant par le tourment ; mais aimer les hommes , les traiter avec humanité , exercer la complai-
fance , la douceur , la bienveillance, & les
autres affections fociales ; c'eft jouir d'une
fatisfaction immédiate à l'action & qui n'eft
payée d'aucune peine antérieure ; fatisfaction originelle & pure, qui n'eft prévenue
d'aucune amertume. Au contraire , l'a-
nimofité , la haine , la malignité , font
des tourmens réels dont la fufpenfion
occafionnée par l'accompliffement du
défir eft comptée pour un plaifir. Plus
ce moment de relâche eft doux ; plus
il fuppofe de rigueur dans l'état précédent. Plus les peines de corps font ai-

gues ; plus le patient eſt ſenſible aux intervalles de repos : telle eſt la ceſſation momentanée des tourmens de l'eſprit, pour le ſcélérat qui ne peut connoître d'autres plaiſirs.

Les meilleurs caractères, les hommes les plus doux ont des momens fâcheux : alors une bagatelle eſt capable de les irriter. Dans ces orages légers, l'inquiétude & la mauvaiſe humeur leur ont cauſé des peines dont ils conviennent tous. Que ne ſouffrent donc point ces malheureux qui ne connoiſſent preſque pas d'autre état ; ces furies, ces ames infernales au fond deſquelles le fiel, l'animoſité, la rage & la cruauté ne ceſſent de bouillonner ? A quel excès d'impatience ne les portera point un accident imprévû ? Que ne reſſentiront-ils pas d'un contre-tems qui ſurviendra, d'un affront qu'ils eſſuyeront, & d'une

foule d'antipathies cruelles que des of-
fenfes journaliéres ne cefferont de multiplier en eux. Faut-il s'étonner que
dans cet état violent , ils trouvent une
fatisfaction fouveraine à rallentir par le
ravage & les défordres, les mouvemens
furieux dont ils font déchirés ?

Quant aux fuites de cet état dénaturé
relativement au bien de la Créature &
aux circonftances ordinaires de la vie ;
je laiffe à penfer quelle figure doit faire
entre les hommes un monftre qui n'a plus
rien de commun avec eux ; quel goût
pour la fociété peut refter à celui en qui
toute affection fociale eft éteinte ; quelle
opinion concevra-t'il des dipofitions des
autres pour lui , avec le fentiment de fes
difpofitions réciproques pour eux.

Quelle tranquillité , quel repos y a-t'il
pour un homme qui ne peut fe cacher,
je ne dis pas qu'il eft indigne de l'a-

mour & de l'affection du genre-humain, mais qu'il en mérite toute l'averfion? Dans quel effroi de Dieu & des hommes ne vivra-t'il pas? dans quelle mélancholie ne fera-t'il pas plongé? mélancholie incurable par le défaut d'un ami dans la compagnie duquel il puiffe s'étourdir, fur le fein duquel il puiffe fe repofer: quelque part qu'il aille, de quelque côté qu'il fe tourne, en quelqu'endroit qu'il jette les yeux; tout ce qui s'offre à lui, tout ce qu'il voit, tout ce qui l'environne; à fes côtés, fur fa tête, fous fes pieds, tout fe préfente à lui fous une forme effroyable & menaçante. Séparé de la chaîne des Etres, & feul contre la Nature entiere; il ne peut qu'imaginer toutes les Créatures réunies par une ligue générale, & prêtes à le traiter en ennemi commun.

Cet homme eft donc en lui-même,

comme dans un defert affreux & fauvage
où fa vûe ne rencontre que des ruines.
S'il eft dur d'être banni de fa patrie,
exilé dans une terre étrangére, ou confiné dans une retraite ; que fera-ce donc
que ce banniffement intérieur & que cet
abandon de toute Créature ? que ne fouf-
frira point celui qui porte dans fon cœur
la folitude la plus trifte, & qui trouve
au centre de la fociété le plus affreux
défert ? Etre en guerre perpétuelle avec
l'Univers ; vivre dans un divorce irré-
conciliable avec la Nature : quelle condition !

D'où je conclus que la perte des
affections naturelles & fociales entraîne
à fa fuite une affreufe mifere, * & que

* Je ne crois pas qu'on trouve jamais l'Hiftoire en contradiction avec cette conclufion de
notre Philofophie. Ouvrons les Annales de Tacite , ces faftes de la méchanceté des hommes : parcourons les régnes de Tibere , de

les affections dénaturées rendent sou-

Claude, de Caligula, de Neron, de Galba, & le destin rapide de tous leurs Courtisans, & renonçons à nos principes, si dans la foule de ces Scélérats insignes qui déchirérent les entrailles de leur patrie & dont les fureurs ont ensanglanté toutes les pages, toutes les lignes de cette histoire, nous rencontrons un heureux. Choisissons entr'eux tous. Les délices de Caprée nous font-elles envier la condition de Tibere ? Remontons à l'origine de sa grandeur, suivons sa fortune, considérons-le dans sa retraite, appuyons sur sa fin ; & tout bien examiné, demandons-nous, si nous voudrions être à present ce qu'il fut autrefois, le tyran de son pays, le meurtrier des siens, l'esclave d'une troupe de prostituées,& le protecteur d'une troupe d'esclaves ?... Point de milieu, il faut ou accepter le sort de ce Prince, s'il fut heureux, ou conclure avec son historien " Qu'en sondant
,, l'ame des Tyrans, on y découvre des blessu-
,, res incurables & que le corps n'est pas dé-
,, chiré plus cruellement dans la torture, que
,, l'esprit des méchans par les reproches con-
,, tinuels du crime. *Si recludantur tyrannorum*
,, *mentes, posse aspici laniatus & ictus ; quando*
,, *ut corpora vulneribus, ita sævitiâ, libidine,*
,, *malis consultis animus dilaceretur* ". Ce n'est pas tout. Si l'on parcourt les différens ordres de méchans qui remplissent la distance morale de Seneque à Neron, on distinguera de plus la misere actuelle dans une proportion constante avec la dépravation. Je m'attacherai seulement aux deux extrémités. Néron fait périr

verainement

verainement malheureux. Ce qui me reſtoit à prouver.

Britannicus ſon frere, Agrippine ſa mere , ſa femme Octavie , ſa femme Poppée , Antonia ſa belle-ſœur, le conſul Veſtinus, Rufus-Criſpinus ſon beau-fils , & ſes inſtituteurs Seneque, & Burrhus ; ajoûtez à ces aſſaſſinats, une multitude d'autres crimes de toute eſpece ; voilà ſa vie. Auſſi n'y rencontre-t'on pas un moment de bonheur ; on le voit dans d'éternelles horreurs : ſes tranſes vont quelquefois juſqu'à l'aliénation d'eſprit ; alors il apperçoit le Ténare entr'ouvert , il ſe croit pourſuivi des furies ; il ne ſçait où , ni comment échapper à leurs flambeaux vengeurs ; & toutes ces fêtes monſtrueuſement ſomptueuſes qu'il ordonne , ſont moins des amuſemens qu'il ſe procure , que des diſtractions qu'il cherche. Seneque chargé par état de braver la mort , en préſentant à ſon Pupile les remontrances de la Vertu , le ſage Seneque plus attentif à entaſſer des richeſſes qu'à remplir ce périlleux devoir, ſe contente de faire diverſion à la cruauté du Tyran en favoriſant ſa luxure : il ſouſcrit par un honteux ſilence à la mort de quelques braves citoyens qu'il auroit dû deffendre : lui-même , préſageant ſa chûte prochaine par celle de ſes amis , moins intrépide avec tout ſon ſtoïciſme que l'Epicurien Pétrone , ennuyé d'échapper au poiſon en vivant des fruits de ſon jardin & de l'eau d'un ruiſſeau , va miſérablement propoſer l'échange de ſes richeſſes pour une vie qu'il n'eût pas été fâché de conſerver & qu'il ne put racheter

CONCLUSION.

Nous avons donc établi dans cette partie, ce que nous nous étions proposé. Or puisqu'en suivant les idées reçûes de dépravation & de vice, on ne peut être méchant & dépravé que

Par l'absence ou la foiblesse des affections générales.

Par la violence des inclinations privées.

Ou par la présence des affections dénaturées.

Si ces trois états sont pernicieux à la Créature & contraires à sa félicité pre-

par elles ; châtiment digne des soins avec lesquels il les avoit accumulées. On trouvera que je traite ce Philosophe un peu durement : mais il n'est pas possible sur le récit de Tacite, d'en penser plus favorablement ; & pour dire ma pensée en deux mots, ni lui ni Burrhus, ne sont pas aussi honnêtes-gens qu'on les fait. Voyez ʼHistorien.

fente , être méchant & dépravé , c'eft
être malheureux.

Mais toute action vicieufe occafionne
le malheur de la Créature proportionnellement à fa malice : donc toute action
vicieufe eft contraire à fes vrais intérêts : il n'y a que du plus ou du moins.

D'ailleurs en développant l'effet des
affections fuppofées dans un degré conforme à la Nature & à la conftitution
de l'homme ; nous avons calculé les biens
& les avantages actuels de la Vertu ; nous
avons eftimé par voye d'addition & de
fouftraction toutes les circonftances qui
augmentent ou diminuent la fomme de
nos plaifirs ; & fi rien ne s'eft fouftrait
par fa nature , ou n'eft échappé par
inadvertence à cette arithmétique morale , nous pouvons nous flatter d'avoir
donné à cet effai toute l'évidence des
chofes géométriques. Car qu'on pouffe

T ij

le Scepticifme fi loin qu'on voudra *;
qu'on aille jufqu'à douter de l'exiftence

* „ A quoi bon me prefcrire des régles de
„ conduite, dira peut-être un Pirrhonien, fi je
„ ne fuis pas fûr de *la fucceffion de mon exiftence.*
„ Peut-on me démontrer quelque chofe pour
„ l'avenir, fans fuppofer que je continue d'être
„ *moy?* Or c'eft ce que je nie. *Moy* qui penfe
„ à prefent, eft-ce *moy* qui penfoit il y a qua-
„ tre jours? Le fouvenir eft la feule preuve que
„ j'en aie. Mais cent fois, j'ai crû me fouvenir
„ de ce que je n'avois jamais penfé : j'ai pris
„ pour fait conftant ce que j'avois rêvé : que
„ fçais-je encore fi j'avois rêvé? *Me l'a-t'on*
„ *dit? d'où cela me vient-il? l'ai-je rêvé*; ce font
„ des difcours que je tiens & que j'entends tous
„ les jours : quelle certitude ai-je donc de
„ mon *identité? je penfe, donc je fuis.* Cela eft
„ vrai. *J'ai penfé, donc j'étois.* C'eft fuppofer
„ ce qui eft en queftion. *Vous étiez fans doute,*
„ *fi vous avez penfé*; mais quelle démonftration
„ avez-vous, *que vous ayez penfé? . . .* aucune,
„ il faut en convenir „ : cependant on agit ;
on fe pourvoit, comme fi rien n'étoit plus vrai :
le Pirrhonien même laiffe ces fubtilités à la porte de l'école & fuit le train commun. S'il perd
au jeu ; il paye comme fi c'étoit lui qui eût
perdu. Sans avoir plus de foi à fes raifonnemens que lui, je tiendrai donc pour affuré
que *j'étois*, que *je fuis* & que *je continuerai*
d'être moy; & conféquemment qu'il eft poffible de me démontrer *quel je dois être* pour mon
bonheur.

des Etres qui nous environnent ? on n'en viendra jamais jufqu'à balancer fur ce qui fe paffe au-dedans de foi-même. Nos affections & nos penchans nous font intimement connus : nous les fentons : ils exiftent, quels que foient les objets qui les exercent, imaginaires ou réels. La condition de ces Etres eft indifférente à la vérité de nos conclufions. Leur certitude eft même indépendante de notre état. Que je dorme ou que je veille, j'ai bien raifonné ; car qu'importe que ce qui me trouble, foit rêves fâcheux ou paffions défordonnées, en fuis-je moins troublé ? Si par hazard la vie n'eft qu'un fonge ; il fera queftion de le faire bon : & cela fuppofé, voilà l'œconomie des paffions qui devient néceffaire ; nous voilà dans la même obligation d'être vertueux, pour rêver à notre aife ; & nos démonftrations fubfiftent dans toute leur force.   T iij

Enfin nous avons donné, ce me semble, toute la certitude possible à ce que nous avons avancé sur la préférence des satisfactions de l'esprit, aux plaisirs du corps ; & de ceux-ci, lorsqu'ils sont accompagnés d'affections vertueuses, & goûtés avec modération, à eux-mêmes, lorsqu'on s'y livre avec excès & qu'ils ne sont animés d'aucun sentiment raisonnable.

Ce que nous avons dit de la constitution de l'esprit & de l'œconomie des affections, qui forment le caractère & décident du bonheur ou du malheur de la Créature, n'est pas moins évident. Nous avons déduit du rapport & de la connexion des parties que dans cette espece d'architecture, affoiblir un côté, c'étoit les ébranler tous & conduire l'édifice à sa ruine. Nous avons démontré que les passions qui rendent l'homme

vicieux étoient pour lui autant de tourmens ; que toute action mauvaife étoit
fujette aux remords ; que la deftruction
des affections fociales , l'affoibliffement
des plaifirs intellectuels & la connoiffance intérieure qu'on n'en mérite point ,
font des fuites néceffaires de la dépravation. D'où nous avons conclu que le
méchant n'avoit ni en réalité ni en imagination le bonheur d'être aimé des autres , ni celui de partager leurs plaifirs ;
c'eft-à-dire que la fource la plus féconde
de nos joyes étoit férmée pour lui.

Mais fi telle eft la condition du méchant ; fi fon état contraire à la Nature ,
eft miférable , horrible , accablant : c'eft
donc pécher contre fes vrais intérêts , &
s'acheminer au malheur , que d'enfrein-
dre les principes de la morale. Au contraire , tempérer fes affections & s'e-
xercer à la Vertu ; c'eft tendre à fon

T iij

bien privé, & travailler à son bonheur.

C'est ainsi que la Sagesse éternelle qui gouverne cet Univers, a lié l'intérêt particulier de la Créature, au bien général de son système ; de sorte qu'elle ne peut croiser l'un, sans s'écarter de l'autre, ni manquer à ses semblables, sans se nuire à elle-même. C'est en ce sens qu'on peut dire de l'homme qu'il est son plus grand ennemi ; puisque son bonheur est en sa main, & qu'il n'en peut être frustré qu'en perdant de vûe celui de la Société & du Tout dont il est partie. La Vertu la plus attrayante de toutes les beautés, la beauté par excellence ; l'ornement & la base des affaires humaines, le soutien des communautés ; le lien du commerce & des amitiés ; la félicité des familles ; l'honneur des contrées ; la Vertu sans laquelle tout ce qu'il y a de doux, d'agréable, de grand , d'éclatant & de beau , tombe & s'évanouit : la Vertu , cette qualité avantageufe à toute Société , & plus généralement officieufe , à tout le genre-humain , fait donc auffi l'intérêt réel & le bonheur préfent de chaque Créature en particulier.

L'Homme ne peut donc être heureux que par la Vertu , & que malheureux , fans elle. La Vertu eft donc le bien , le Vice eft donc le mal de la Société & de chaque membre qui la compofe.

F I N.

TABLE
DES MATIERES.

A

C

D

E.

DES MATIERES.

TABLE

DES MATIERES.

V

TABLE

DES MATIERES.

E R R A T A.

Pag. 26. *lig.* 5. végétales. *Lifez* végé-
   tables.
Pag. 54. *lig.* 13. ou. *Lifez* &.